ROWOHLT
BERLIN

Hannes Stein

Moses

und die Offenbarung der Demokratie

Rowohlt · Berlin

Für Clara, meine Lehrerin

1. Auflage September 1998
Copyright © 1998 by Rowohlt · Berlin Verlag GmbH, Berlin
Alle Rechte vorbehalten
Umschlaggestaltung Walter Hellmann
(Foto: Archiv für Kunst und Geschichte, Berlin)
Satz Sabon PostScript PageOne
Gesamtherstellung Clausen & Bosse, Leck
Printed in Germany
ISBN 3 87134 325 0

Inhalt

When people cease to believe in something,
they do not believe in nothing: they believe in
anything.

(Sobald die Leute aufhören, an etwas zu
glauben, glauben sie nicht an nichts, sondern
an alles.)

GILBERT KEITH CHESTERTON

Auftakt

Interessieren Sie sich für Joga und Astrologie? Essen Sie aus Prinzip vegetarisch? Lehnen Sie Gewalt unter allen Umständen ab? Ist Krieg für Sie das schlimmste, was passieren kann? Sind Sie gegen das Patriarchat? Finden Sie den alttestamentarischen Rachegott auch so grausam? Spenden Sie für den Tierschutz? Denken Sie, daß die indischen Religionen dem Christentum in vielem überlegen sind? Haben Sie Angst vor dem Treibhauseffekt? Gehen Sie gern auf Esoterik-Messen? Bewundern Sie die Französische Revolution? Glauben Sie, daß im antiken Athen das Volk herrschte? Dann ist dieses Buch vermutlich nichts für Sie. Andererseits sollten Sie es vielleicht gerade darum lesen.

Was Sie auf den folgenden Seiten erwartet, ist eine Polemik gegen das Neuheidentum, das derzeit in Europa um sich greift, und eine Verteidigung des biblischen Weltbildes. Auch wenn Religion Sie ansonsten kaltläßt, könnte diese Streitschrift Sie interessieren. Denn der Autor behauptet allen Ernstes, daß am Berge Sinai unter Blitz und Donner die Demokratie offenbart wurde: Als Moses die Gesetzestafeln mit den Zehn Geboten in Empfang nahm, wurde das freie Individuum geboren, das für seine Taten selbst verantwortlich ist. Das Christentum hat diesen jüdischen Gedanken manchmal willentlich, manchmal unwillig um die Welt getragen.

Nein, der moderne Rechtsstaat kam nicht aus Athen.
Er kam aus Jerusalem. Der liberale Gesellschaftsvertrag
ist mit hebräischen Lettern geschrieben. In neun großen
Textportionen wird Ihnen der Autor dies aus neun verschiedenen Perspektiven vor Augen führen:

* Das Kapitel *Götterlästerung* erzählt, wie Gott im
Bund mit den Menschen die Welt von der heidnischen
Angst befreite.
* Das Kapitel *Moses* begründet, warum der judäo-
christliche Glaube einzigartig unter den Religionen ist.
* Das Kapitel *Saulus* handelt von einem ketzerischen
Rabbi, dem es gelang, die Ethik der Bibel bis ins ferne
Europa zu verbreiten.
* Das Kapitel *Esther* begründet, warum die jüdischen
Demokratien des Westens auch mit Waffen gegen ihre
Feinde geschützt werden müssen.
* Das Kapitel *Adam* wirbt für den Anthropozentris-
mus, also die Lehre, daß der Mensch die Krone der
Schöpfung sei.
* Das Kapitel *Eleasar* ist ein Plädoyer für religiöse und
weltliche Rituale.
* Das Kapitel *Esra* stellt den historischen Typus vor:
den Gesetzeshüter, der über Macht verfügt und sie einsetzt, um die Zehn Gebote zu verteidigen.
* Das Kapitel *Israel* handelt von der ersten demokratischen Revolution der Geschichte, die dermaßen erfolg-
reich war, daß heute keiner mehr von ihr spricht.
* Das letzte Kapitel endlich berichtet von der *Wiederkehr der Götter*. Es erzählt von dem Versuch, die judäochristliche Umwälzung rückgängig zu machen, die Gesetzestafeln mit den Zehn Geboten zu zerbrechen und
das Erbe des Moses aus dem Gedächtnis der Mensch-

heit zu tilgen. Diese Gegenrevolution, die ihren vorläufigen Höhepunkt mit dem Nationalsozialismus erreicht hat, dauert bis in unsere Tage und gewinnt ständig neue Anhänger.

Darum dieses Buch.

Jerusalem, Juli 1998

Götterlästerung

«Lege deine Hand nicht an den Knaben, und tu ihm nicht das geringste.» (Rembrandt, Abraham und Isaak)

Am Anfang schuf Gott den Himmel und die Erde. Und
die Erde war öde und wüst, ein Tohuwabohu, und
Dunkelheit lag auf dem Abgrund, und der Geist Gottes
fegte als Sturm über das Wasser. Und Gott sprach: Es
werde Licht! Und es ward Licht. Aber das Licht war
jung und hilflos und matt; und wenn Gott es auch von
der Dunkelheit schied, die es umgab, war dieser Unterschied für menschliche Augen doch kaum wahrnehm-
bar. Das Gotteslicht strahlte nicht, es flackerte: ein
mühsames Oszillieren zwischen grenzenlosem Grau
und unendlichem Schwarz. Kein Glorienschein war es,
eher ein vages, mehrdeutiges Irrlicht.

Und finsterer Aberglaube beherrschte die Menschen,
und Angst regierte ihr Denken. Denn die Welt war ein
magischer Ort: Jeder Hügel war heiliger Grund, der
den Ahnen gehörte. Jeder Baum beherbergte einen
Geist, der dem Wanderer nachsah. In jedem Strauch
saß ein feixender Dämon und forderte seinen Wegzoll.
Jeder Adler, der in der Luft seine Kreise zog, war ein
höheres Wesen. Oben im Gebirge hausten Titanen, die
Blitze und Donner schleuderten. Hinten im Ozean

wohnten die Ungeheuer, deren Namen man nicht aussprechen durfte. Heidenangst!

Ja, die Menschen jener dunklen Vorzeit lebten in einem Zustand unaufhörlicher Panik. Panisch war ihre Furcht davor, ein todeswürdiges Verbrechen zu begehen; panisch ihr Schrecken über das Tohu und Bohu, das Chaos der Natur. Das Universum kam ihnen unheimlich vor, bedrohlich. All die Dryaden, Elfen und Dämonengötter mußten auf Schritt und Tritt versöhnt und um Verzeihung gebeten werden. Solange man wach war, riskierte man, ein Tabu zu verletzen.

Manchmal half alle Vorsicht nichts, denn die höchsten Wesen waren tückisch. Dann wurde ein Spezialist zu Rate gezogen: der Schamane, der Medizinmann. Er kannte die Götter von Angesicht und beherrschte ihre Sprache. Seine Adlermaske verlieh ihm übermenschliche Kräfte. Ungehindert verkehrte er zwischen Himmel, Erde und Unterwelt. Virtuos spielte er auf der Klaviatur der Gefühle: Mal besänftigte er die Heidenangst seiner Stammesbrüder, mal peitschte er sie auf. Dabei half ihm sein Kostüm, ein Skelett aus metallenen Knochen. Es war der sichtbare Beweis, daß er schon einmal tot gewesen war: Böse Geister hatten ihn in Stücke gerissen und sein Blut getrunken. Dann hatten die Totemtiere des Stammes ihn ausgeweidet und seine inneren Organe durch magische Substanzen ersetzt. Abschließend hatten die Geister ihn wie eine Marionette wieder zusammengefügt. Durch seinen Tod war der Schamane mit dem grauenerregenden Universum eins geworden. Mit seiner Stimme kreischten, brüllten, jaulten und zischten die Naturgötter.

Der Schamane war ein mächtiger Mann. Auf seiner Trommel flog er geradewegs zum Weltenbaum mit den neun Ästen, der Himmel, Erde und Totenreich verband. Doch irgendwann – am Beginn der Bronzezeit – reichten die schamanischen Zauberkräfte nicht mehr aus. Die Menschen fingen an, die Gestirne zu verehren. An der Seite des Medizinmannes trat der Priester, das Schlachtmesser in der Faust, das Menschenopfer im Sinn.

So war es noch bei den Azteken, die in Mexiko über ein bedeutendes Großreich herrschten. Die Azteken hatten eine tief pessimistische Religion: Sie glaubten, daß Sonne und Mond durch ein feuriges Selbstopfer der Götter am Firmament erschienen seien. Weitere Gottheiten hätten ihr Leben hingegeben, um die Himmelskörper in Bewegung zu setzen. Diese Schuld mußten die Menschen nun abzahlen, indem sie den Göttern ihresgleichen opferten. Viermal war die Welt nach aztekischem Glauben bereits zugrunde gegangen und neu entstanden. Das Ende der fünften Ära konnte nur hinausgezögert werden, solange das Blut in breiten Strömen floß, denn die Götter waren durstig. Wenn der Blutstrom eines Tages versiegte, würde am nächsten Morgen die Sonne nicht mehr aufgehen.

Die Azteken entwickelten eine verfeinerte und äußerst humane Art der Kriegsführung, um den Nachschub für ihre Götter sicherzustellen. Der Feind sollte nicht getötet, sondern möglichst unverletzt gefangengenommen werden. Wer den aztekischen Truppen in die Hände fiel, war, wenn er Glück hatte, für ein besonderes Schicksal ausersehen. Er wurde in die Familie des Kriegers aufgenommen, der ihn erbeutet hatte, und mit erlesenen Köstlichkeiten bewirtet. An einem vorbestimmten Tag führte man ihn dann zu einer erhöhten Plattform, wo er in einem rituellen Schaukampf von vier ausgezeichneten Kriegern langsam und kunstvoll zerschlitzt wurde. Je unerträglicher seine Qual, desto größer war der Ruhm, den er sich erwarb. Der Höhepunkt des Festes war erreicht, wenn der Priester ihm bei lebendigem Leib gekonnt das Herz aus der Brust schnitt und den zuckenden, blutigen Muskel ins Licht hielt. Anschließend wurde dem Geopferten die Haut abgezogen. Der Krieger, der ihn gefangengenommen hatte, trug sie als sein Ehrenkleid, bis sie gänzlich verwest war.

Die Azteken waren keineswegs besonders grausam. Und nur ein Narr würde sie unkultiviert und Barbaren nennen. Nein, Menschenopfer waren gerade das Charakteristikum, durch das sich die Hochkulturen auszeichneten – nicht nur in Mittelamerika, auch im Vorderen Orient. Die Kanaaniter warfen kleine Kinder in ihre Feueröfen, weil das dem Moloch gefiel. Die Ägypter verehrten neben dem Sonnengott die Göttin Hathor, «die in der Finsternis das Blut der Menschen stampft wie Maische». Die Assyrer und Babylonier bauten die ersten Großstädte rund um riesige Schlachtanlagen, in denen fromme Priester den Gestirnen Lob und Preis sangen, bevor sie wohlgestalteten Jünglingen die Kehlen durchschnitten. Was stellten im Vergleich schon die Israeliten dar, dieses nomadisierende Volk von Ziegenhirten, das am Rand der Wüste vegetierte? Geschichtlich spielte es überhaupt keine Rolle. Ein Kulturvolk waren dagegen die Philister, die vor dem Fischgott Dagon in den Staub fielen. Sie stammten aus Kreta, der Heimstätte der minoischen Zivilisation, wo der himmlische Stier jedes Jahr ein Dutzend Jungfrauen forderte.

Die Menschenopfer waren kein Anlaß zur Scham. Sie

wurden nicht heimlich und verschwiegen im Keller dargebracht, sondern auf der Spitze der Pyramide, im Tempel, vor der Menschenmenge: Seht her, wir sind bereit,
das herzugeben, was uns das liebste ist! Seht her, wir
schonen nicht einmal unsere Kinder! So gefräßig waren
die Gestirnsgötter. So groß war die Angst der Heiden.
Und so hätte es sich im Takt der Naturzyklen ewig wie-
derholen können: mit Schamanengeheul, Priestersing-
sang und dem Gebrüll der Geschlachteten.

Am vierten Tag aber setzte Gott die Sonne, den
Mond und die Sterne an die Feste des Himmels, um die
Nacht vom Tag zu scheiden, aber auch, um Jahre,
Monde, Wochen und Stunden zu berechnen. Da klärte
die Welt sich auf, und es wurde hell. Von nun an sollten
nicht mehr die Sterblichen den Gestirnen dienen, sondern andersherum: Gott hatte sie zum Nutzen der
Menschen in sein Firmament gehängt. Die Himmelskörper, vor denen sämtliche Kulturvölker zitterten, waren nichts als Lampen und Uhren! Das war eine nie
dagewesene Provokation, eine unerhörte Chuzpe. Die
Bibel beginnt mit einer Blasphemie, zu deutsch: einer
Götterlästerung.

Mit dieser Blasphemie begann das Ende der Heidenangst. Denn als die mächtigen Gestirne ihren Einfluß
verloren, zogen sich auch die minderen Naturgötter ins
Nichtsein zurück. Fortan konnte man straflos über jeden Hügel laufen, den Gott am zweiten Tag der Schöpfung trockengelegt hatte. In den Bäumen und Sträu-
chern, die er am dritten Tag gepflanzt hatte, wohnten
keine Dämonen mehr. Der Adler, der seit dem fünften
Schöpfungstag durch die Lüfte segelte, war kein höheres Wesen. Die Nixen, Feen und Totengeister ver-
schwanden mit stillem Wutgeheul. So führte die Ent-

götterung des Himmels zu einer radikalen Entzaube-
rung der Welt. Gottes Erdboden wurde auf einmal sehr
weit, der Mensch konnte sich ohne abergläubische
Furcht auf ihm bewegen. Und Gott sah, daß es gut war.

Aber war es denn gut? Nein, die Götterlästerung war
noch lange nicht abgeschlossen. Sie fand ihre Fortsetzung in drei Verträgen, die Gott mit seinen menschlichen
Partnern schloß: das waren der Bund mit Noah, der
Bund mit Abraham und der Bund mit dem Gottesvolk
am Sinai. *Genesis = Ende der Heidenangst*

Bund mit Noah: Ich will die Erde nicht mehr verfluchen

Die alten heidnischen Götter hatten in regelmäßigen
Abständen die Apokalypse herbeigeführt. Immer wieder verbrannten sie die kleine Menschenwelt mit ihrem
Feueratem, ertränkten sie in mörderischen Fluten, be-
warfen sie vom Himmel herab mit Felsen. Auch der
Gott der hebräischen Bibel ist für einen solchen Welt-
untergang verantwortlich. Er vertilgt die Menschen in
der Sintflut, um sie für ihre Verbrechen zu strafen. Nur
der gottesfürchtige Noah, seine Familie und alle Tiere,
die in die Arche passen, entgehen der Katastrophe.
Allerdings ist dieses göttliche Strafgericht kein Me-
netekel; den Überlebenden wird keine Wiederholung
der drakonischen Maßnahme angedroht. Statt dessen
schließt Gott, nachdem die Wassermassen wieder abge-
flossen sind, einen Pakt mit Noah. Er sagt:

Ich will hinfort nicht mehr die Erde verfluchen um der Menschen willen, denn das Dichten des menschlichen Herzens ist

böse von Jugend auf. Und ich will hinfort nicht mehr schlagen
alles, was da lebt, wie ich getan habe. Solange die Erde steht, soll
nicht aufhören Saat und Ernte, Frost und Hitze, Sommer und
Winter, Tag und Nacht.

Gott glaubt nicht, daß der von ihm inszenierte Welt-
untergang zu einer apokalyptischen Reinigung geführt
habe. Er gibt sich nicht der Illusion hin, daß die
menschliche Natur sich durch seine Strafmaßnahme ge-
ändert haben könnte. Das menschliche Herz ist immer
noch, was es vor der Sintflut war, «böse von Jugend
auf». Die Rabbiner des Talmud zogen aus dieser er-
nüchternden Einsicht die Konsequenz. Sie formulierten
eine Art ethisches Notprogramm, einen Katalog von
Mindestanforderungen der Humanität – die sieben
noachidischen Gesetze.

Diese umfassen ein Gebot und sechs Verbote. Erstens: Du sollst dich in allen menschlichen Beziehungen
gerecht verhalten und Gerichte einsetzen. Zweitens: Du
sollst Gottes Namen nicht lästern. Drittens: Du sollst
nicht Götzen dienen. Viertens: Du sollst keinen Inzest
begehen. Fünftens: Du sollst nicht morden. Sechstens:
Du sollst nicht rauben. Siebtens: Du sollst keine Tiere
quälen – oder in rabbinischer Diktion: Du sollst kein
Glied von einem lebenden Tier essen. Ein Nichtjude,
der sich an diese Vorschriften hält, gehört zu den *chasi-
de'i umot ha-olam*, den Gerechten unter den Völkern
der Erde. Er hat ebenso Anteil an der künftigen Welt
wie ein frommer Israelit.

Die Rabbiner des Talmud begnügten sich weise mit
dem zivilisatorischen Minimum. Die noachidischen
Gesetze sind nicht mehr als allgemeine Moralvorschrif-
ten – von Gott ist in ihnen nicht an erster Stelle die

Rede. Zunächst wird statt dessen etwas Praktisches befohlen: Du sollst zwischen dir und deinen Nächsten Rechtsverhältnisse herstellen. Um das zu tun, muß der Noachide an nichts glauben, er muß nur anerkennen, daß eine Gerichtsverfassung notwendig ist.

Im neuzeitlichen Europa wurde der Gottesbund mit Noah zum Kern einer universalen, säkularen Rechtsidee. Gegen die Willkür der Feudalherrscher traten im siebzehnten Jahrhundert die sogenannten Naturrechtler auf und behaupteten, daß die Menschen nicht als Untertanen, sondern frei und gleich geboren seien. Juristen wie Johannes Selden, Andreas Georg Waehner und Hugo Grotius entwickelten ihr Konzept eines allgemeinen Völkerrechts, das älter sei als jedes von den Obrigkeiten gesetzte Recht. Dabei beriefen diese liberalen Geister sich wie selbstverständlich auf den Talmud. Der Vertrag, der nach der Sintflut geschlossen wurde, war in der Neuzeit offenbar immer noch gültig.

In der Bibel ist das Zeichen des Bundes mit Noah der Regenbogen: Jedesmal, wenn er in den Wolken erscheint, soll er uns daran erinnern, daß die Katastrophe vorbei ist. Gott tritt damit unwiderruflich aus dem Schatten der apokalyptischen Heidengötter heraus. Wie schwer die Verfehlungen der Menschen auch sein mögen, der Allmächtige wird sie nie wieder kollektiv bestrafen. Aber er geht noch einen Schritt weiter: Anders als die Götter der Azteken, Assyrer, Babylonier, Kanaaniter und Germanen will der Gott Israels nicht, daß ihm einzelne Menschenleben dargebracht werden.

Bund mit Abraham: Nimm deinen Sohn

Ein alter Mann und ein Junge stolpern gemeinsam einen Berg hinauf. Der Junge hat Holzscheite auf den Rücken gebunden, der Alte trägt eine glimmende Fakkel und ein langes Messer in der Hand. Vater! sagt der Junge plötzlich. Ich sehe hier das Feuer und das Holz. Aber wo ist denn das Lamm, das wir Gott zum Opfer bringen sollen? Der Alte schweigt. Ist es die Gluthitze des Orients, die ihm die Kehle ausdörrt? Schließlich sagt er: Im richtigen Moment wird Gott uns das Lamm für das Opfer schon senden, mein Sohn.

Abraham lügt Isaak an. Er weiß genau: Ein solches Lamm wird sich nicht blicken lassen. Drei Tage zuvor hatte Gott ihm ja selbst befohlen: «Nimm deinen Sohn, deinen einzigen Sohn, den du liebhast, den Isaak, und bringe ihn mir zum Opfer auf dem Berg im Lande Morija, den ich dir zeigen werde.» Ohne ein Wort der Widerrede, ohne Diskussion war Abraham aufgebrochen. Zwei Knechte hatte er mitgenommen und seinen Esel gesattelt. Jetzt warten die beiden mit dem Tier am Fuß des Hügels. Ganz allein geht Abraham mit Isaak diesen letzten Weg. Ist er verzweifelt? Hadert er im stillen mit Gott, oder ist er stumpf vor Demut? Und was ist mit Isaak? Ahnt er, was ihm dort oben auf dem Gipfel blüht? Nicht mehr lange, dann wird sein Vater ihn vor dem Holzstoß niederknien lassen. Mit seiner schweren Männerhand wird er ihm die Augen verschließen, dann wird er ihm das Messer mit einer ruckartigen Bewegung in die weiche Kehle stoßen.

Ein Glaubensritter sei Abraham gewesen, schrieb der dänische Philosoph Søren Kierkegaard. Mithin war er das glatte Gegenteil eines tragischen Helden, der sein

Leben im Namen eines Ideals für die Allgemeinheit hingibt. Der Glaubensritter sieht solchen Edelmut mit Neid, aber er wendet der Allgemeinheit den Rücken zu. Er ist einsam wie kein anderer Mensch auf Erden. «Abraham kann ich nicht verstehen», konstatiert der Philosoph, «ihn kann ich nur bewundern.» Das Bewundernswerte an seiner Tat sei die «teleologische Suspension der Ethik». Auf deutsch: Für das höchste Ziel (*telos*) setzt der Glaubensritter sämtliche moralischen Grundsätze außer Kraft: er suspendiert sie. Er ist bereit, zum Mörder seines eigenen Kindes zu werden, um zu beweisen, daß sein Gehorsam gegenüber Gott an keine Bedingungen geknüpft ist.

Das Fragwürdige an dieser Deutung ist, daß Kierkegaard Abraham auch dann bewundern müßte, wenn er Isaak wirklich geschlachtet hätte. Dies aber geht an der Pointe der Geschichte vorbei: Gott sendet Abraham im allerletzten Moment einen Engel, der ihn vom Kindesmord abhält. Die Lüge Abrahams wird verblüffend wahr. Er findet einen Widder im Gestrüpp und opfert ihn anstelle seines Sohnes.

Wäre es nur darum gegangen, Abraham zu prüfen, hätte Gott ihn damals im Lande Morija ruhig gewähren lassen können – bis zum Äußersten, bis zum Brandopfer (*holocaust*). Das wäre sogar der beste Test für seinen Gehorsam, den man sich vorstellen kann. In diesem Fall wäre Gott freilich ein Moloch, ein Ungeheuer. Für welches *telos* hätte der Glaubensritter Abraham dann seine ethischen Instinkte suspendiert?

Nicht nur um Gehorsam geht es in dieser Geschichte: Gott will Abraham und uns eine Lektion erteilen. Er nimmt ein Menschenexemplar aus den uralten Opferzyklen heraus und begründet damit eine neue Tradi-

tion. Isaak bleibt am Leben – nicht aus Gnade, weil
Abraham darum gebeten hätte, sondern um ein Exempel zu statuieren. Der Affront, den dieser Akt der Götterlästerung darstellte, ist seither nie mehr überboten
worden. So schroff und vor allem öffentlich wurde nie
wieder mit dem Heidentum und seinen Bräuchen gebrochen. Außerhalb der abrahamitischen Welt freilich
drehte sich das Karussell der Kindesopfer munter weiter. Sogar in Rom wurden sie erst im Jahre 97 vor Christus durch einen Senatsbeschluß verboten.

Am besten hat die Isaak-Geschichte vielleicht Rembrandt verstanden. Seine Radierung zeigt den Augenblick der Entscheidung, jenen, in dem der Engel des
Herrn zu Abraham sagt: «Lege deine Hand nicht an
den Knaben, und tu ihm nicht das geringste.» Bei Rembrandt begnügt der Engel sich freilich nicht mit Reden,
er greift mitten ins Geschehen hinein. Als gehöre er zur
Familie, schwebt er hinter dem Vater und dem Sohn,
seine Flügel sind weit ausgespannt; einer von ihnen
wölbt sich über dem Kopf des Alten zum Schutzdach.
Die Rechte des Engels hält Abraham am Handgelenk
fest, seine Linke umfaßt den Oberarm mit der Faust, in
der das Messer steckt. Sanft und entschieden ist die Gebärde des Boten, beinah umarmt er Abraham von hinten. «Lege deine Hand nicht an den Knaben, und tu
ihm nicht das geringste.» Rembrandt hat Gottes Wort
tiefer begriffen als der Autor der Thora, der es nur
buchstäblich nahm. Seine Radierung dechiffriert den
stummen Text hinter den Worten: Nimm deinen Sohn,
deinen einzigen Sohn, den Isaak, den du liebhast – und
opfere ihn nicht.

Beim Bund mit Noah erklärte Gott seinen Willen,
künftig die Menschheit zu verschonen. Bei dem Bund,

den Gott mit Abraham schließt, verschont er einen einzelnen Menschen. Das ist viel radikaler: So wurde für alle Zeit deutlich gemacht, daß im Zentrum der Ethik das Individuum steht.

Abraham = Ende der Menschenopfer / Kinderopfer

Bund am Sinai: Ich bin der Herr, dein Gott

Durch das unterlassene Menschenopfer im Lande Morija wurde Abraham zum Stammvater der Juden. Und die Juden sind das auserwählte Volk. Freilich sind sie es nicht deswegen, weil sie besser oder klüger wären als die anderen Völker; auch nicht, weil sie Gottes Willen genauer kennen würden. Sie sind nicht auserwählt, um als eine Art kollektiver Christus die Menschheit durch ihr Leid von allen Sünden zu erlösen. Und noch weniger verdanken sie ihre Auserwähltheit ihren Feinden, die sie – wie manch überschlauer Antisemit behauptet – durch Pogrome und Massenmorde «veredelt» hätten. Die Juden sind das auserwählte Volk aus einem einzigen Grund: des Bundes wegen, den sie am Berg Sinai geschlossen haben. «Aus allen Geschlechtern auf Erden habe ich allein euch erkannt», sagte der Allmächtige, «darum will ich ahnden an euch all eure Missetaten.» Wer auserwählt ist, muß sich mit strengeren Maßstäben messen lassen und wird auch öfter gezüchtigt als die anderen.

Die Kinder Israel schlossen den Sinaibund, nachdem Gott sie mit ausgestrecktem Arm und starker Hand aus Ägypten befreit hatte. Große Wunder hatte er für sie gewirkt: Er hatte das Schilfmeer für sie gespalten, und sie waren trockenen Fußes hindurchgeschritten. Pharao aber war mit seinem Kriegsheer, mit Mann und Roß

und Wagen hinter ihnen in den salzigen Wogen versunken. Nach diesen wunderbaren Geschichten führte
Moses die Juden in die Wüste, und sie zogen zum Berg
des Herrn. In der Bibel steht, was dort geschah:

Als nun der dritte Tag kam und es Morgen war, da erhoben sich
Donner und Blitze und eine schwere Wolke auf dem Berge und
ein mächtiger Posaunenton; das ganze Volk aber, das im Lager
war, erschrak. Und Moses führte das Volk aus dem Lager Gott
entgegen, und es stellte sich auf an dem Fuß des Berges. Der
ganze Berg Sinai aber rauchte, darum daß der Herr auf den Berg
herabfuhr im Feuer; und sein Rauch ging auf wie der Rauch
eines Ofens, daß der ganze Berg sehr bebte. Und der Posaune
Ton ward immer stärker. Moses redete, und Gott antwortete im
Donner.

Und Moses empfing die steinernen Gesetzestafeln mit
den Zehn Geboten. Zugleich mit ihm akzeptierte das
ganze Volk das Joch der göttlichen Weisung – aber
nicht im Kollektiv, sondern jeder für sich allein: die
Obersten der Stämme, die Ältesten, die Amtsleute, die
Weiber, die Kinder, die Fremdlinge im Zeltlager, die
Holzhauer und die Wasserschöpfer. Zum Dank richtete
Gott die Juden zu seinem Volk auf. Es war ein Vertrag
auf Gegenseitigkeit, in Freiheit geschlossen wie zwischen zwei Geschäftspartnern.

All dies geschah in der frühen Bronzezeit. Damals
wurden die Völker von Königen regiert, deren Stammbäume bis zu den Göttergeschlechtern zurückreichten.
Der Anführer der Juden indes stammte nicht von den
Göttern ab, und er war auch kein Monarch; der einzige
Titel, den er bis zu seinem Tod führte, war «der Mann
Moses». Nicht ihm kam die Herrscherwürde zu, sondern der Thora.

Heute ist dies in jeder Synagoge der Welt zu besichtigen. An der Wand, die in Richtung Jerusalem weist, befindet sich ein hölzerner Schrein; er enthält die Pergamentrollen mit den fünf Büchern Mosis. Und dieser Schrein wird traditionell von einer stilisierten Darstellung geschmückt: den zwei Tafeln, über denen die Krone eines unsichtbaren Königs schwebt. Nicht ein Mensch soll herrschen, sondern das Gesetz. Am Sinai wurde dem jüdischen Volk das Urprinzip der Demokratie offenbart.

Was war denn nun aber auf den Steintafeln eingegraben, die Moses vom Berg Gottes zurückbrachte? Was sind die Zehn Gebote? Weil es heute als ziemlich unfein gilt, sie zu kennen; weil sie kaum noch in der Schule gelehrt werden; weil man sogar in den Kirchen immer weniger von ihnen hört – aber auch, weil sie ganz einfach schön sind –, seien sie hier in voller Länge zitiert.

I. Ich bin der Herr, dein Gott, der dich aus Ägyptenland geführt hat, aus dem Hause der Knechtschaft.
II. Du sollst keine anderen Götter vor mir haben. Du sollst dir kein geschnitztes Abbild noch irgendein Bildnis machen, weder des, das oben im Himmel, noch des, das unten auf der Erde, oder des, das im Wasser unter der Erde ist. Wirf dich nicht nieder vor ihnen und diene ihnen nicht; denn ich, der Herr, dein Gott, bin ein eifersüchtiger Gott, der da heimsucht die Schuld der Väter an den Kindern bis ins dritte und vierte Glied, die mich hassen; der aber Barmherzigkeit übt bis ins tausendste Glied an denen, die mich lieben und meine Gesetze halten.
III. Du sollst den Namen des Herrn, deines Gottes, nicht mißbrauchen; denn der Herr wird den nicht ungestraft lassen, der seinen Namen mißbraucht.
IV. Gedenke des Sabbattages, daß du ihn heiligest. Sechs Tage sollst du arbeiten und alle deine Dinge beschicken; aber am sieb-

ten Tag ist der Sabbat des Herrn, deines Gottes. Da sollst du kein Werk tun, noch dein Sohn, noch deine Tochter, noch dein Knecht, noch deine Magd, noch dein Vieh, noch dein Fremdling, der in deinen Toren ist; denn in sechs Tagen hat der Herr Himmel und Erde gemacht und das Meer und alles was darinnen ist, und ruhete am siebten Tage. Darum segnete der Herr den Sabbattag und heiligte ihn.

V. Du sollst deinen Vater und deine Mutter ehren, auf daß deine Tage lang werden in dem Land, das der Herr, dein Gott, dir gibt.

VI. Du sollst nicht morden.

VII. Du sollst nicht ehebrechen.

VIII. Du sollst nicht stehlen.

IX. Du sollst kein falsch Zeugnis reden wider deinen Nächsten.

X. Du sollst nicht begehren deines Nächsten Haus. Du sollst nicht begehren deines Nächsten Weib, noch seinen Knecht, noch seine Magd, noch seinen Ochsen, noch seinen Esel, noch alles, was dein Nächster hat.

Zu achtzig Prozent sind die Zehn Gebote ein Plagiat. Nicht eine der in ihnen enthaltenen moralischen Vorschriften war originell: Es handelte sich um Tugendregeln, wie sie im gesamten babylonischen Kulturraum verbreitet waren. Neu war allerdings, daß ihnen das Bekenntnis zum Einen Gott Israels vorangestellt wurde, und neu war die Einführung des Sabbats.

Der Sabbat war nichts Geringeres als eine soziale Revolution. Viermal im Monat, zweiundfünfzigmal im Jahr setzte dieser Feiertag der Willkür der Mächtigen eine Schranke, denn er machte alle gleich: Sklaven und Herren, Frauen und Männer, Fremdlinge und Israeliten. Wenn sie am siebten Tag der Woche das Verhalten des Ewigen nachahmten, der sich von der Arbeit der Schöpfung ausruhte, wurde deutlich, daß sie Gottes Ebenbilder waren: heilig und frei.

So hielt die Moral Einzug in die Religion. Der Dienst an den Göttern Babylons, Assyriens oder Kanaans hatte mit Ethik ja überhaupt nichts zu tun; es handelte sich um reine Kulthandlungen. Die moralischen Vorschriften, die es daneben durchaus gab, blieben Privatsache.

Der biblische Gott jedoch will, daß sein Volk ein Licht für die Völker sei. Gleich im ersten Gebot bezeichnet er sich als denjenigen, der sein Volk aus der Sklaverei geführt hat, er offenbart sich als Gott der Befreiung. Aber was wird hier eigentlich verfügt? Es handelt sich ja um einen einfachen Aussagesatz.

Der große jüdische Philosoph Maimonides lehrte, das erste Gebot sei die Aufforderung, Gott zu erkennen. Dies sei aber nur durch Negationen möglich. Nach und nach, so Maimonides, müsse geleugnet werden, daß Gott Eigenschaften besitze, die von seinem Wesen getrennt seien. Wenn gesagt werde: Gott ist gütig, barmherzig, gerecht, dann sei das wohl richtig – nur eben nicht nach unserem Verständnis von Güte, Barmherzigkeit, Gerechtigkeit. Wer Gott menschliche Eigenschaften zuschreibt, ist für Maimonides ein ebenso primitiver Götzendiener wie jemand, der Gestirne anbetet. So führt der arge Weg der Gotteserkenntnis in die erhabene Leere der Abstraktion. In dieser Leere bleibt schließlich nur noch ein hebräischer Satz übrig: *haschem echad* – Gott ist, und er ist eins. Und auch dieser Satz bröckelt, wenn wir ihn genauer analysieren. Gewiß existiert Gott – aber, schreibt Maimonides, nicht nach unserem Verständnis von Existenz. Und er ist eins – aber nicht wie ein zählbarer Gegenstand.

So können wir am Ende gar nichts mehr über Gott aussagen. Nur in seiner fundamentalen Unerkennbar-

keit können wir ihn erkennen. Er entzieht sich nicht
nur unseren Sinnen, sondern auch unserem Begreifen.
Es gibt keine Sprache für ihn. Gegenüber diesem unbegreiflichen Gott aber gibt es nur eine angemessene
Empfindung: Ehrfurcht, gepaart mit Liebe.

Konsequent wird hier die Götterlästerung bis in die
Gottesidee hinein fortgesetzt. Maimonides verfolgt den
Vergötzungstrieb des Menschen bis in seine feinsten intellektuellen Verästelungen. Er will das Nachdenken
über Gott von den letzten Spuren des Bildhaften befreien. So endet die hebräische Aufklärung, die am vierten Schöpfungstag begann, mit der Entgötterung auch
Gottes selbst.

Coda: Die Geburt des Individuums
aus dem schlechten Gewissen

Es gibt einen mittelalterlichen Codex, dessen Weisun-
gen fromme Juden bis auf den heutigen Tag befolgen:
den *Schulchan Aruch* des Joseph Caro. Er beginnt mit
dem Satz: «Ein Mann sollte sich am Morgen erheben
wie ein Löwe und versuchen, Gott zu dienen.» Das
wichtigste an diesem Appell an die Löwenkräfte ist das
unscheinbare Wort: *versuchen*. Denn es ist unmöglich,
Gott zu dienen; zu hoch sind die Anforderungen, die er
an die Menschen stellt. Der moralische Anspruch, der
in den Zehn Geboten formuliert wird, kann also kaum
jemals eingelöst werden. Du sollst nicht ehebrechen!
Du sollst nicht begehren deines Nächsten Haus! Du
sollst kein falsch Zeugnis reden! Gibt es denn irgend
jemanden, der sich ein ganzes Leben lang daran hält?
Selbstverständlich nicht.

Das führt freilich zu Schuldkonflikten. Und dies ist das Entscheidende. Denn ohne Schuldkonflikte gäbe es gar keine Individuen; Schuld ist es, was den einzelnen definiert. Die zentrale Bibelstelle dafür lautet: «Die Väter sollen nicht für die Kinder, noch die Kinder für die Väter sterben, sondern ein jeglicher soll für seine Sünden sterben.» Hier wird das Prinzip der individuellen Verantwortlichkeit festgeschrieben, und durch dieses Prinzip wird das autonome Rechtssubjekt konstituiert. Es ist nicht etwa so, daß nur Individuen schuldig werden können – sondern umgekehrt: Individuum ist nur, wer schuldig werden kann.

Philosophisch ausgedrückt: Wer die göttlichen Vorschriften verletzt, hat selbst schuld. Daraus folgt aber, daß er ein Selbst hat. Er muß sich vor seinem Gewissen rechtfertigen, er und sonst niemand; kein anderer kann für ihn einspringen, denn moralische Verantwortung ist nicht übertragbar. So wird der einzelne schmerzhaft aus dem Mutterschoß der Gemeinschaft herausgerissen. Sein schlechtes Gewissen durchtrennt die Nabelschnur, mit der er bisher an den Stammesverband gefesselt war. Jeder hat seine eigene Art, vor den Zehn Geboten zu scheitern, und genau diese Eigenart ist es, die ihn unverwechselbar macht. Das ethische Versagen determiniert den einzelnen mindestens so sehr wie sein genetischer Code: Ich bin schuldig, also bin ich.

Die Erfindung des schlechten Gewissens ist der letzte Akt im Drama der Götterlästerung. Damit verschwinden die letzten Spuren der Heidenangst vom Erdboden. Die panischen Kollektive lösen sich endgültig auf, und an ihre Stelle treten Individuen, die für sich selbst verantwortlich sind.

Als Urheber dieser Entwicklung können zweifelsfrei

die Juden dingfest gemacht werden. Die Antisemiten haben im Kern also recht mit ihrer Behauptung, daß die Juden an allem schuld seien. Der tiefere Sinn dieses unsinnigen Satzes ist: Die Juden sind schuld an der Schuld. Ihr Gott erläßt Gesetze, die der Natur widersprechen, er zieht den Menschen für seine Taten zur Rechenschaft, er stellt unerhörte Forderungen auf. Kurz: Der Gott der Juden läßt alle, die ihm begegnen, mit einer unguten Empfindung zurück – und das verzeiht man ihnen bis heute nicht.

10 Gebote = Geburt des Individuums

Moses
משה

Der Berg Sinai

Verteidigung des Christentums gegenüber anderen Religionen (handwritten annotation)

Gesegnet seist du, Herr, unser Gott,
König der Welt, daß du mich nicht
als Heiden erschaffen hast.
Aus dem jüdischen Morgengebet

Sklaven waren die Kinder Israel in Ägypten. Und die Ägypter machten ihnen ihr Leben bitter mit schwerer Arbeit in Ton und Ziegeln und mit allerlei Fron auf dem Felde und zwangen sie zum Dienst mit Unbarmherzigkeit; und sie bauten für Pharao Städte zur Vorratshaltung, nämlich Pithom und Ramses. Aber je mehr die Ägypter die Israeliten drückten, desto mehr waren sie fruchtbar und wimmelten und wurden mächtig an Zahl. Und Schauder erfaßte die Ägypter, und sie hielten die Kinder Israel wie einen Greuel.

Da gebot Pharao seinem Volke und sprach: Alle Söhne, die den Israeliten geboren werden, werft ins Wasser, um sie zu ertränken. Zu der Zeit ging hin Amram, ein Mann vom Hause Levi, und nahm Jochewed, eine Tochter Levi. Und sie gebar ihm einen Sohn und verbarg ihn drei Monate. Und da sie ihn nicht länger verbergen konnte, machte sie ein Kästlein von Rohr und legte den Knaben hinein und setzte es in das Schilf am Ufer des Flusses. Und die Tochter Pharaos ging hernieder und wollte baden im Fluß; und da sie das Kästlein im Schilf sah, sandte sie ihre Magd hin und ließ es holen. Und die Tochter Pharaos öffnete es und sah das Kind; und siehe, das Knäblein weinte. Da jammerte es sie, und es ward ihr Sohn, und sie hieß ihn Moses.

Als Moses aber groß war, ging er aus zu seinen Brüdern und sah ihre Last; und er ward gewahr, daß ein Ägypter schlug einen seiner Brüder, einen Hebräer. Und er wandte sich hin und her, und da er sah, daß kein Mensch da war, erschlug er den Ägypter und scharrte ihn in den Sand. Und es kam vor Pharao; der trachtete nach Moses, daß er ihn erwürgte. Aber Moses floh vor Pharao und blieb im Lande Midian und hütete daselbst die Schafe. Und Moses sah einen Busch, der mit Feuer brannte und ward doch nicht verzehrt, und sprach: ich will dahin und beschauen dies große Gesicht, warum der Busch nicht verbrennt.

Da aber der Herr sah, daß er hinging, zu sehen, rief Gott ihm aus dem Busch und sprach: Mose, Mose! Er antwortete: Hier bin ich. Und der Herr sprach: Ich bin der Gott deines Vaters, der Gott Abrahams, der Gott Isaaks und der Gott Jakobs. Ich habe das Elend meines Volkes in Ägypten gesehen und habe ihr Geschrei über die Sklaventreiber gehört; ich habe ihr Leid erkannt und bin herniedergefahren, daß ich sie errette von der Ägypter Hand und sie herausführe aus diesem Lande in ein gutes und weites Land, in ein Land, darin Milch und Honig fließt.

Gott in der Geschichte

Auch die heidnischen Götter mischen sich gelegentlich mit Haut und Haaren in die menschlichen Angelegenheiten ein. Im Trojanischen Krieg etwa kämpfen Pallas

Athene und Hera für die Griechen, Zeus möchte an-
fangs zwischen den Konfliktparteien vermitteln, und
Apollo und Ares halten zu den belagerten Trojanern.
Keiner dieser Götter ist aber dermaßen mit der Textur
der Geschichte verwoben wie der biblische Gott. Ohne
Übertreibung läßt sich behaupten, daß es ihn ohne
Geschichte gar nicht geben würde. Obwohl er mit
menschlichen Worten nicht beschreibbar ist, kommt er
doch vor allem in der menschlichen Historie zur Erscheinung. Der Kosmos, den die Heiden mit solch ehr-
fürchtigem Schauder betrachten, ist stets nur ein Ne-
benschauplatz göttlichen Handelns. Der Allmächtige
stellt sich Moses im brennenden Dornbusch nicht vor,
indem er sagt: Ich bin der Herr, dein Gott, der die Welt
in sechs Tagen erschaffen hat. Statt dessen steht auf seiner Visitenkarte: Ich bin der Gott Israels, der deine
Knechtschaft zerbrechen wird.

Den Göttern der Griechen steht es frei, im geschicht-
lichen Kuddelmuddel mal diese und mal jene Partei zu
ergreifen. Der Gott der Bibel hat diese Freiheit nicht.
Gewiß, er kann sich der heidnischen Völker bedienen,
um die Kinder Israel für ihren Ungehorsam zu züchti-
gen, und er macht von dieser Möglichkeit auch ausgie-
big Gebrauch. Im wesentlichen aber bleibt er an die
Verträge gebunden, die er mit Noah, Abraham und
Moses geschlossen hat. Das heißt, Gott wohnt immer,
auch im äußersten Leid, auch in der schlimmsten Erniedrigung, bei seinem auserwählten Volk. Er ist nicht
auf seiten der stärkeren Bataillone, sondern auf seiten
derer, die seine Zehn Gebote achten.

Das gilt auch, nachdem die Kinder Israel aus Ägypten ausgezogen sind und einen eigenen Staat gegründet
haben. Gott stärkt nicht nur Moses gegen Pharao den

Rücken; er schickt später auch Propheten, die dann mit
derselben Wucht gegen die Könige Israels wettern. Jeremia etwa schleudert dem Despoten Jojakim ins Gesicht: «Man wird ihn nicht beklagen: Wehe, mein
Herr! Wehe, sein Glanz! Er soll wie ein Esel begraben
werden, zerschleift und hinausgeworfen vor die Tore
Jerusalems.» Jawohl, eine Majestätsbeleidigung. Eine
grandiose Unverschämtheit. Die Tonlage der Gottes-
künder war nie vornehm. Beim Propheten Amos heißt
es: «Höret dies Wort, ihr fetten Kühe, ihr auf dem Berg
Samaria, die ihr den Dürftigen Unrecht tut und unter-
tretet die Armen ... Der Herr hat geschworen bei seiner
Heiligkeit: Siehe, es kommt die Zeit über euch, daß
man euch wird herausziehen mit Angeln und eure
Nachkommen mit Fischhaken.» Die Propheten sind
Dissidenten, sie verkörpern den demokratischen, rebel-
lischen Geist. Durch ihren Mund spricht Gott offen
aus, was er will: keine Tyrannei, sondern eine Herrschaft des Rechts.

Daß Gott sich so vorbehaltlos mit den Menschen ein-
läßt, hat Folgen auch für die Art, wie in der Bibel die
Hauptgestalten geschildert werden. Ein Vergleich des
Alten Testaments mit jenem Abschnitt der Homerischen
Odyssee, wo der Held unerkannt und in Lumpen nach
Ithaka zurückkehrt, kann dies eindrucksvoll belegen.
Der Literaturwissenschaftler Erich Auerbach schreibt:

Der arme Bettler Odysseus ist nur verkleidet, aber Adam ist
wirklich ganz verstoßen, Jakob wirklich ein Flüchtling, Joseph
in der Grube und dann ein käuflicher Sklave. Aber ihre Größe,
aus Erniedrigung emporgestiegen, ist nahe am Übermenschli-
chen und ein Abbild der Größe Gottes.

Wenigstens in dieser Hinsicht setzen die christlichen Schriften die jüdischen nur fort. Für die Autoren der heidnischen Antike, so Auerbach, wäre es undenkbar gewesen, ein ernsthaftes Drama im Milieu des niederen Volks anzusiedeln. Die unteren Klassen waren Material für Possen und Komödien, nicht mehr. Im Neuen Testament ist das radikal anders: Die wichtigsten Szenen – Jesu Wunderheilungen und Bekehrungen, die Verleugnung des Meisters durch Petrus – spielen unter Kriegsknechten, Mägden, Huren, Taglöhnern. Der christliche Messias ist ein Zimmermannssohn aus dem hintersten Galiläa und stirbt am Schluß zwischen zwei Dieben an einem römischen Galgen. Gott fährt hernieder in die Geschichte und verbündet sich mit den Gedemütigten und Geschlagenen: Diese unerhörte Handlung machte es möglich, die Würde von allem anzuerkennen, was Menschenantlitz trägt.

Fromme Juden rezitieren zum Ausgang jedes Sabbats das sogenannte Trennungsgebet. Sie sagen: «Gesegnet seist du, Herr, unser Gott, König der Welt, der du einen Unterschied machst zwischen dem Heiligen und dem Profanen, zwischen dem Licht und der Dunkelheit, zwischen Israel und den anderen Völkern, zwischen dem siebten Tag und den sechs Werktagen.» Was ist das? Religiöser Rassismus? Nein. Allerdings widerspricht das jüdische Gebet dem nebulösen Zeitgeist, der sich selbst für tolerant hält, weil er auf Unterscheidungen verzichtet. Irrtum: Die Hindus, Mormonen und Shintoisten verehren *nicht* alle dieselbe Gottheit. Und falsch: Die verschiedenen religiösen Moralvorstellungen laufen *nicht* alle auf dasselbe hinaus. Die Glaubenssysteme gleichen sich keineswegs wie eine lockere Schraube der anderen. Es gilt, auf der Einmaligkeit der

Moses-Religion zu beharren – gegen die bequeme These, daß alle Kulturtraditionen gleich viel wert seien. Zwei Beispiele mögen verdeutlichen, warum hier Starrsinn angebracht ist: die Religionen Indiens und der Islam.

Der indische Mythos

Die europäische Begeisterung für den Hinduismus (oder «Brahmanismus») ging von deutschen Gelehrten in der Zeit der Aufklärung aus. Der vermutlich erste deutsche Hindu war der Kulturphilosoph Johann Gottfried Herder. Er rühmte die indischen Priester, weil sie ihrem Volk eine «Sanftmut, Höflichkeit, Mäßigung und Keuschheit» beigebracht hätten, «daß die Europäer ihnen dagegen oft als ... Trunkene und Rasende erscheinen». Zugleich wandte Herder sich gegen die biblische Abstammungslehre. Es sei grober Unfug, schrieb er, «sämtliche Nationen der Erde ... zu Abkömmlingen der Hebräer und zu Halbbrüdern der Juden zu machen»; und er stellte jenseits aller Zweifel klar: «Der feste Mittelpunkt des größten Weltteils, das Urgebirge Asiens, hat dem Menschengeschlecht den ersten Wohnplatz bereitet.» Der Himalaja sollte höher in den Himmel der Weltgeschichte ragen als der Berg Sinai.

Im neunzehnten Jahrhundert setzte dann der Philosoph Arthur Schopenhauer diese Verklärung Indiens fort. Mit antisemitischem Schaum vor dem Mund wütete er gegen «den Mörder Moses» und sein Volk, das gar nicht auf göttlichen Befehl aus Ägypten ausgezogen sei. In Wahrheit habe Pharao «das eingeschlichene,

unflätige, mit schmutzigen Krankheiten ... behaftete
Judenvolk nicht länger im reinen Ägypten» dulden wol-
len. Beim Studium der hebräischen Bibel, gestand Schopenhauer, habe er eine «herzliche Liebe» zu König
Nebukadnezar gefaßt, der Jerusalem niederbrennen ließ
und die überlebenden Juden in die babylonische Gefan-
genschaft führte:

Möge jedes Volk, das sich einen Gott hält, der die Nachbarlän-
der zu «Ländern der Verheißung» macht, rechtzeitig seinen Nebukadnezar finden.

Diesen frommen Wunsch verband der Philosoph mit
einem Bekenntnis zum «überaus milden Charakter»
des Brahmanismus, der sich ohne «Gewalttätigkeiten
Kriege und Grausamkeiten» über den indischen Subkontinent ausgebreitet habe. Intoleranz, so Schopenhauer, sei eine Eigenschaft allein des Monotheismus;
die polytheistischen Götter dagegen seien «ihrer Natur
nach tolerant»; sie duldeten nicht nur die Kollegen ihrer eigenen, sondern sogar die Götter fremder Religionen.

Die deutsche Passion für den Hinduismus war tief
und folgenreich, aber sie beruhte auf einem Mißver-
ständnis. In Wahrheit gibt es nämlich gar keinen einheitlichen hinduistischen Glauben; «Hindus» heißen
ganz einfach alle Bewohner des Industales. Dies erklärt
auch die Toleranz, von der Schopenhauer so beeindruckt war. Der Hinduismus hat schlicht deswegen
keine Probleme, fremde Götter zu akzeptieren, weil er
als Religion gar nicht existiert – oder anders gesagt,
weil unter dem Sammelbegriff «Hinduismus» eine
Vielzahl von Religionen zusammengefaßt wird.

Dennoch gibt es eine gemeinsame Geschichte der Hindus. Sie begann im zweiten vorchristlichen Jahrtausend, als aus der kaukasischen Steppe kriegerische Stämme in das Industal einfielen. Die Eindringlinge nannten sich selbst Arier (Edle), hatten eine helle Haut und blickten voller Verachtung auf die dunkelhäutigen Ureinwohner Indiens herab. Um die Herrschaft über ihre neuen Untertanen abzusichern, erfanden die Arier das Kastensystem, eine raffiniert gestaffelte hierarchische Gesellschaftsordnung. Ursprünglich war diese Hierarchie unverhüllt rassistisch. *Varna*, das indische Wort für Kaste, bedeutet eigentlich «Hautfarbe». Ein Hindu kann seine Kaste niemals verlassen, er wird in sie hineingeboren und bleibt ihr Gefangener bis ans Ende.

Die religiöse Rechtfertigung dafür ist die Lehre von der Reinkarnation. Sie besagt, daß jeder in diesem Leben bekommt, was er sich in seinem vorherigen verdient hat, sei es im Guten oder Bösen. *Samsara*, das Rad aus Tod und Wiedergeburt, dreht sich ohne Anfang und Ende immer weiter. Auch die Götter sind *Samsara* unterworfen. Wer als Brahmane wiederkehrt, ist in seinem früheren Erdendasein immer brav gegen seine Obrigkeit gewesen; darum hat er nun Anspruch auf bevorzugte Behandlung.

Im *Gesetzbuch des Manu* – einem uralten Sittenkodex, der auf den indischen Stammvater der Menschheit zurückgehen soll – steht, man müsse Angehörige der Priesterkaste «unablässig verehren, denn sie sind etwas unüberschwenglich Göttliches». Wer dagegen zu den niederen Kasten gehört, hat in seinem vorigen Leben offenbar schwere Sünden auf sich geladen; er hat sich ein ungünstiges *Karma* (Schicksal) eingehandelt. Am schlimmsten ist das Karma der Unberührbaren oder Tschandalahs. Das Gesetzbuch des Manu bestimmt, daß man sie schlechter als Tiere behandeln soll:

Die Wohnung eines Chandalah ... muß außerhalb der Stadt sein, sie dürfen nicht den Gebrauch ganzer Gefäße haben, ihr einziger Reichtum müssen Hunde und Esel sein. Ihre Kleider sollen die Mäntel Verstorbener sein, ihre Eßteller zerbrochene Töpfe, ihre Zierde rostendes Eisen, und sie sollen immer von Ort zu Ort wandern. Niemand, der seine religiöse und bürgerliche Pflicht in acht nimmt, darf mit ihnen Gemeinschaft haben, ihre Geschäfte müssen sie nur unter sich selbst abtun und ihre Heiraten nur unter ihresgleichen sein ... Durch des Königs Merkmale ausgezeichnet, mögen sie am Tage der Arbeit wegen umhergehen und jeden, der ohne Verwandte stirbt, heraustragen; dies ist eine festgesetzte Regel.

Welten trennen die Moses-Religion von solchen Bestimmungen, die jedem Hindu heilig sind. Ein allmächtiger Gott, der sich einem Sklavenvolk – einer Nation von Taschandalahs – offenbart, wäre für ihn nichts als eine Absurdität.

Im sechsten Jahrhundert vor Christus versuchte ein junger Mann aus vornehmem Geschlecht, die Kasten- und Kriegsreligionen des Industales zu humanisieren. Seine Anhänger nannten ihn den «Erleuchteten», den Buddha. Zwischen der Lehre dieses edlen Geistes und dem Judäochristentum scheint es auf den ersten Blick keine ernsthaften Differenzen zu geben. Wie ein guter Monotheist glaubte der Buddha nicht an die Götter (allerdings lästerte er sie nicht, sondern begnügte sich damit, sie souverän zu ignorieren). Er lehnte das Kastensystem ebenso kompromißlos ab, wie es die Propheten Israels getan hätten. Schließlich lehrte er die Achtung

vor allem Lebendigen, und dies unterscheidet sich im
Kern kaum von der jüdischen Ethik.

Auf den zweiten Blick zeigt sich jedoch, daß der
Buddhismus immer noch himmelweit von der jüdisch-
christlichen Tradition entfernt ist. Jener trachtet nach
Auslöschung der Begierden, das Judentum hingegen ist
unumschränkt lebensbejahend. (Gott führt das auserwählte Volk ins Land, darin Milch und Honig fließen,
nicht in das selige Nicht-Sein irgendeines Nirwana.) Der
Buddhismus will den einzelnen erleuchten; Juden und
Christen halten die Nächstenliebe für wichtiger. Dem
Buddhisten gilt die Ethik als Mittel zu dem Zweck, die
Leidenschaften zu überwinden; für Juden und Christen
tragen die ethischen Vorschriften ihren Zweck in sich
selbst. Der Buddhismus ist strikt ahistorisch; Juden und
Christen glauben, daß Gott sich in der Geschichte verwirklicht. Der Buddha strebte nach Auslöschung des
Selbst; das Judentum brachte das Individuum mit Hilfe
des Schuldgefühls erst hervor. Auch in seiner zivilisier-
testen Form ist der indische Mythos nicht mit der hebräischen Aufklärung kompatibel.

Die Weisen aus dem Abendland

Die Liebe der Europäer zum Islam datiert vermutlich
aus dem achtzehnten Jahrhundert. Der Sozialphilosoph
Jean-Jacques Rousseau schrieb damals, Mohammed
habe «sehr gesunde Ansichten» gehabt, weil er keine
Trennung zwischen Staat und Religion zuließ: Er «verknüpfte sein politisches System einheitlich, und solange
seine Form der Regierung unter seinen Nachfolgern ...
fortbestand, war diese Regierung ungeteilt und in die-

sem Sinne gut». Genauso schwärmerisch verehrten
dann auch die deutschen Romantiker die Weisheit des
Morgenlandes. Der Dichter Friedrich Rückert schrieb
eine wirklich sehr schöne deutsche Übersetzung des
Korans, die leider unvollendet blieb. Seine Kollegen
entwarfen ein Bild von Dattelpalmen, zierlichen Mina-
retten, exotischen Haremsdamen und arabischen
Nächten unter der Halbmondsichel.

Im Zuge dieser romantischen Verklärung des Orients
wurde es Mode, die Muslime als die besseren Christen
hinzustellen. Das dekadente Abendland, hieß es, und
heißt es manchmal immer noch, habe seinen Glauben
längst verloren – wohingegen der Islam so vital wie am
ersten Tag sei. Jesus, so wurde – und wird manchmal
immer noch – behauptet, sei für die Europäer gar keine
lebendige Realität mehr; aber die Muslime würden ihn
wenigstens als Propheten anbeten. Und bis heute gilt
der Islam als eine «abrahamitische» Religion, er wird
in einer Reihe mit Judentum und Christentum gesehen.
Mancher dialogfreudige Allerweltstheologe schrickt
nicht einmal davor zurück, den Islam eine biblische Religion zu nennen.

In Wirklichkeit ist der Islam ein groteskes Zerrbild
des Judäochristentums. Allah ist nicht Gott; er offenbart sich nicht wie dieser in der Geschichte, und er bin-
det sich nicht mit Verträgen an die Menschen, um sie
dadurch frei zu machen. Allah steht unendlich weit
über seinen Geschöpfen. Er will nichts von ihnen als
ihre Unterwerfung. Er ist ein orientalischer Despot;
seine Macht erweist sich, wie der jüdische Philosoph
Franz Rosenzweig schrieb, einzig in der Freiheit zur
Willkürtat. Aus diesem Grund gerät Allah in einen un-
auflösbaren Konflikt mit sich selbst. Er muß die von

ihm geschaffene Welt, um seinen Rang zu behaupten, in
jeder Einzelheit andauernd neu gestalten. «Trotz des
heftig und hochmütig vorangetragenen Gedankens der
Einheit Gottes» mündet der Islam darum laut Franz
Rosenzweig in ein «monistisches Heidentum». Das
heißt: «Gott selbst konkurriert mit Gott selbst in jedem
Augenblick, als wäre es der bunt streitende Götterhim-
mel des Polytheismus.»

Der Islam: eine heidnische Religion? Dieser verblüf-
fenden These scheint zu widersprechen, daß auch im
Koran biblische Gestalten auftreten – unter ihnen
Noah, Abraham, Moses, Jesus und Maria. Aber sie erscheinen hier in einem ganz anderen Licht als in der Bibel, sie sind nur noch Schatten ihrer selbst. Irgendwann
zwischen den Jahren 610 und 630, so will es die Legende, hat der Erzengel Gabriel den Text des Korans
Mohammed vom ersten Wort bis zur letzten Silbe ein-
geflüstert. Davor war nichts, und danach wird nie wieder etwas kommen. Daraus folgt aber, daß der Islam
einen vom Judäochristentum fundamental verschiedenen Offenbarungsbegriff hat. Der Publizist Paul Badde
sagt:

Im Unterschied zum jüdischen Offenbarungsverständnis hatte
Gott für Mohammed ... seinen Willen nicht vielen Menschen in
der Geschichte, sondern einem einzigen Menschen in einem Akt
vollständig entschleiert ... Der Koran steht danach für immer
am Anfang des Islam, als göttliches Fundament. Er ist ein irdi-
scher Abdruck der «Mutter der Schrift»; exakt wie eine Photo-
kopie hält er das himmlische Wort Gottes für alle Zeiten fest.

Die Bibel dagegen ist nach islamischer Auffassung eine
Fälschung. Alles, was die Berichte der Thora oder des
Neuen Testaments bestätigen könnte, wird darum als

Bedrohung empfunden: als heimtückischer Angriff auf
das Wort Gottes selbst. So verbietet es sich geradezu,
den Tempelberg in Jerusalem gegenüber einem Muslim
als «Tempelberg» zu bezeichnen. Welcher Tempel?
Hier stand kein Tempel. Tatsächlich ließ der Kalif
Omar Ibn al-Kattab seine Trümmer erst im Jahre 636
beiseite räumen, um an derselben Stelle eine Gebets-
stätte für die Rechtgläubigen zu errichten. Aber der
Waqf – das ist die muslimische Behörde, der die heiligen Stätten des Islam unterstehen – leugnet katego-
risch, daß es im Herzen von Jerusalem jemals etwas anderes gegeben habe als kanaanitische Fruchtbarkeits-
kulte.

Als die israelische Regierung den unverzeihlichen
Fehler beging, am Fuße des Tempelbergs einen archäo-
logischen Tunnel für den Publikumsverkehr zu öffnen,
brach deswegen beinahe ein Nahostkrieg aus. In den
Palästinensergebieten kam es zu einem bewaffneten
Aufstand, und von Kairo bis Teheran wurden drohend
Fäuste gegen den Judenstaat geschüttelt. Die palästi-
nensische Führung behauptete damals, der Ausgra-
bungstunnel unterminiere den Felsendom, obwohl das
technisch unmöglich ist (er ist eine unterirdische Fortsetzung der Klagemauer, verläuft also gar nicht unter
diesem golden funkelnden Palast Allahs hindurch). In
der dreisten Lüge verbarg sich aber eine tiefe Wahrheit.
Denn der Tunnel macht sinnlich klar, daß in Jerusalem
ein jüdisches Heiligtum stand, lange bevor dort die erste Moschee gebaut wurde. Und diese Erkenntnis un-
tergräbt in der Tat das Fundament des Islam: Jeder be-
hauene jüdische Stein, der in der Erde gefunden wird,
spricht beredt davon, daß der Koran nur auf Worten
basiert.

Im Gegensatz zur heiligen Schrift des Mohammed ist die hebräische Bibel kein Buch, sondern eine Bibliothek. Sie ist ein bunter Flickenteppich aus Erzählungen, an dem ein ganzes Volk über Jahrtausende gewebt hat. Keine Untat der Kinder Israel wird in diesem unvergleichlichen Konvolut ausgelassen, kein Verbrechen ihrer größten Könige verschwiegen. «Bis hin zum Neuen Testament», meint Paul Badde, «kann man fast jedes Buch der Bibel auch als Einspruch, Widerspruch oder kritischen Kommentar der früheren und eigenen Geschichte verstehen.» Das Ergebnis dieser historischen Offenherzigkeit ist, daß Selbstkritik in der jüdisch-christlichen Welt seither als Tugend gilt: als ein Zeichen von Stärke, nicht als Eingeständnis der Schwäche.

Im Islam ist das anders: Kritik an der eigenen Geschichte? Undenkbar, eine Blasphemie! Sie würde der Offenbarung die Grundlage entziehen. Sie wäre eine Beleidigung des Propheten. Und so gibt es in muslimisch geprägten Ländern bis heute weder Redefreiheit noch Debatten in frei gewählten Parlamenten.

Eine Ausnahme scheint die Türkei zu sein, aber auch am Bosporus gewinnen islamische Fundamentalisten immer mehr Einfluß. Zudem hat die Türkei nie eingestanden, daß sie 1915 einen Völkermord an eineinhalb Millionen armenischer Männer, Frauen und Kinder verübte. Weiter südlich sieht es indessen noch schlimmer aus. Das vernünftigste politische Modell in der arabischen Welt ist der Faschismus, wenn man dieses Wort einmal ohne Polemik verwendet: zur Beschreibung einer Diktatur, die von einer nationalistischen Ideologie legitimiert wird. Dies ist exakt das Regierungssystem Ägyptens oder Syriens. Der Palästinenserstaat zeigt sich schon jetzt, bevor es ihn offiziell gibt, als

Polizeistaat, kujoniert von einer korrupten Politikerka-
ste und verschiedenen Sicherheitsdiensten. Die Alternative wäre nicht der Sieg rechtsstaatlicher Prinzipien,
sondern die unablässige Gewalttat zur höheren Ehre
Allahs.

Für Muslime zerfällt die Welt in zwei verfeindete La-
ger: das Haus des Islam, *dar al-Islam*, und das Haus des
Krieges, *dar al-harb*. Mit dem Haus des Krieges können
zwar Verträge und Waffenstillstandsabkommen ge-
schlossen werden – das Ziel ist dabei aber immer der
Triumph des Islam, nicht seine Demütigung durch die
Ungläubigen. In der zweiten Sure des Korans heißt es
(Verse 190 bis 193):

Und kämpft auf dem Weg Allahs gegen diejenigen, die gegen
euch kämpfen, aber begeht keine Übertretungen. Allah liebt die
nicht, die Übertretungen begehen. Und tötet sie, wo immer ihr
sie trefft, und vertreibt sie, von wo sie euch vertrieben haben.
Denn Verführen (der Gläubigen) ist schlimmer als Töten …
Kämpft gegen sie, bis es keine Verführung mehr gibt und bis die
Religion nur noch Allah gehört. Wenn sie aufhören, dann darf
es keine Übertretung mehr geben, es sei denn gegen die, die Unrecht tun.

Heute stoßen *dar al-Islam* und *dar al-harb* im Orient
selbst aufeinander. Just das Land, das einst Schauplatz
des göttlichen Eingreifens in die Geschichte war, liegt
auch heute wieder auf einer Bruchlinie: Die demokratische Republik Israel ist Vorposten der freien Welt im
Reiche des Propheten. Der Judenstaat wird deswegen
auf absehbare Zeit ein Fremdkörper im Nahen Osten
bleiben. Militärtheoretiker rechnen ihm aber immerhin
eine fünfzigprozentige Chance aus, bis weit ins nächste
Jahrhundert hinein zu überdauern.

Kultur ist kein Schicksal

Das bis hierher Gesagte scheint eine These von Samuel Huntington zu stützen. Dieser amerikanische Konservative behauptet, daß die Welt im Begriff sei, in sieben grundverschiedene Zivilisationstypen auseinanderzubrechen. (Außerhalb des jüdisch-christlichen Westens unterscheidet er einen islamischen, einen hinduistischen, einen konfuzianischen, einen japanischen, einen slawisch-orthodoxen und einen lateinamerikanischen Kulturkreis.) Zwischen diesen Gesellschaften könne es keinen Dialog, ja noch nicht einmal ernsthaften Streit geben: zu tief seien die Risse, zu unvereinbar die Wertvorstellungen. Menschenrechte seien eine jüdisch-christliche Erfindung, darum komme Demokratie in nichtwestlichen Ländern so selten vor wie Wasser in der Wüste.

Selbstverständlich hat Huntington recht. Dennoch irrt er grundsätzlich: Seine These setzt nämlich stillschweigend voraus, daß Menschen keine andere Wahl hätten, als ihrer kulturellen Tradition gemäß zu handeln. In Wahrheit haben sie aber immer die Chance, sich durch das Gestrüpp von Brauchtum und Aberglauben ihren Weg ins Offene zu schlagen. Beispiele dafür gibt es zuhauf: Abrahams Vater war ein Götzendiener, aber sein Sohn zerbrach die Götterstatuen. Moses wurde als ägyptischer Prinz aufgezogen, aber er entschied sich für seine hebräischen Brüder. Ruth war eine Moabiterin, aber sie blieb bei ihrer jüdischen Schwiegermutter: «Wo du hingehst, da will ich auch hingehen; wo du bleibst, da bleibe ich auch. Dein Volk ist mein Volk, und dein Gott ist mein Gott.» Kultur ist kein Schicksal; zu den frohen Botschaften der Bibel gehört, daß es möglich ist, mit der angestammten Tradition zu brechen. Vielleicht ist das sogar die wichtigste Botschaft der Bibel.

Europa gibt für diese Möglichkeit, der eigenen Herkunft zu entrinnen, das auffälligste und beste Beispiel. Denn was hat die europäische Kultur mit dem Christentum zu tun? Nichts. Die eigentliche, die ursprüngliche, die autochthone europäische Kultur ist heidnisch. Jene irischen Wandermönche, die im Frühmittelalter das Evangelium verbreiteten, waren exotische Gestalten in einer von Abgötterei geprägten Umwelt. Fremd waren auch die rituellen Speisen, die sie im Gepäck mit sich führten: Brot und Wein – nach langen Diskussionen hatte man ihnen die Rolle heiliger Nahrung zugesprochen. Hinzu kam das Öl, auf das man bei der Liturgie nicht verzichten konnte. All diese Spezereien entstammten dem jüdischen Ritus, der aber in einer viel wärmeren Gegend entstanden war. Sie paßten gar nicht zum kalten Europa: Hier schlürfte man Getreidesuppen und trank Bier. Der Sieg des Christentums in Europa war auch ein Sieg der Mittelmeerkultur.

Daß die mediterrane Welt bis an die Themse, die Wolga, den Rhein und den Mississippi vordringen konnte, ist womöglich nur dem epileptischen Anfall eines Rabbiners zu verdanken. Von ihm wird im folgenden Kapitel die Rede sein.

Saulus

שאול

Moses und Paulus (Kapitell aus der Kirche von Vézelay)

> Darum gehet hin und lehret alle
> Völker und taufet sie im Namen des
> Vaters und des Sohnes und des
> heiligen Geistes.
>
> *Apostel Matthäus*

Er war ein jüdischer Mann aus Tarsus in Cilicien, gelehrt mit allem Fleiß im Gesetz Israels, und war ein Eiferer um Gott. Und er band die Anhänger des Nazareners und führte sie gebunden gen Jerusalem, daß sie bestraft würden, Männer und Weiber. Es geschah aber, da er hinzog und nahe Damaskus kam um den Mittag, da umleuchtete ihn ein großes Licht vom Himmel. Und er fiel zum Erdboden und hörte eine Stimme, die sprach: Saul, Saul, was verfolgst du mich? Er antwortete aber: Herr, wer bist du? Und er sprach zu ihm: Ich bin Jesus von Nazareth, den du verfolgst. Die aber bei ihm waren, sahen das Licht und erschraken; die Stimme aber des, der mit ihm redete, hörten sie nicht.

Er sprach aber: Herr, was soll ich tun? Der Herr sprach zu ihm: Stehe auf und gehe gen Damaskus; da wird man dir sagen von allem, was dir zu tun verordnet ist. Weil er aber von der Klarheit dieses Lichtes nicht sehen konnte, ward er bei der Hand geleitet von denen, die bei ihm waren, und kam gen Damaskus. Es war

aber ein gottesfürchtiger Mann nach dem Gesetz, Ananias, der ein gut Gerücht hatte bei allen Juden, die daselbst wohnten; der kam zu ihm und trat her und
sprach zu ihm: Saul, lieber Bruder, siehe auf! Und er
sah ihn an zu derselben Stunde. Ananias aber sprach:
Der Gott unsrer Väter hat dich verordnet, daß du seinen Willen erkennen solltest; denn du wirst Zeuge zu
allen Menschen sein von dem, das du gesehen und gehört hast. Als Saul aber wieder gen Jerusalem kam und
betete im Tempel, geschah es, daß er entzückt ward und
sah Gott von Angesicht. Da sprach der Herr zu ihm:
Gehe hin, denn ich will dich ferne unter die Heiden senden!

So wurde ein Lichtblitz am Himmel zur Erleuchtung.
So wurde der Schlaganfall eines Rabbiners zum weltge-
schichtlichen Ereignis. So wurde Saulus zum Paulus.
Aber vielleicht war ja auch alles ganz anders. In seinen
Briefen jedenfalls hat sich der Apostel nie deutlich über
das Ereignis geäußert, das ihn zum Anhänger Jesu werden ließ – weder von einer zeitweiligen Erblindung noch
von akustischen Halluzinationen ist dort die Rede. Er
sagt nur allgemein, daß Gott «seinen Sohn in mir offenbarte». Und vielleicht wurde er dabei gar nicht zum
Paulus, vielleicht blieb er in Wirklichkeit immer ein Saulus? Am besten wird sein, sich zunächst an dem festzu-
halten, was einigermaßen gesichert erscheint – einer
Handvoll biographischer Fakten.

Ein jüdischer Zeltmacher

Sein Geburtsort, Tarsus, lag in der südöstlichen Ecke von Kleinasien; er wurde zur selben Zeit geboren wie sein Herr und Messias, den er nie kennenlernte. Er war ein Jude mit römischem Bürgerrecht und achtete das Erbe seiner Väter. Mit Stolz betonte er, daß er «einer aus dem Volk von Israel» war, «des Geschlechts Benjamin, ein Hebräer von Hebräern und nach dem Gesetz ein Pharisäer». Studiert hatte dieser römischer Staatsbürger mosaischer Konfession bei dem bedeutendsten jüdischen Rechtsgelehrten seiner Zeit, bei Gamaliel I. (Zu dessen Schülern gehörte auch Rabbi Jochanaan ben Sakkai, von dem in diesem Buch noch die Rede sein wird.)

Als Pharisäer verfolgte Saulus solche Juden, die Jesus von Nazareth für den Messias hielten. Er sorgte dafür, daß sie die strengste aller Synagogenstrafen erhielten, das waren «vierzig Stockhiebe weniger einen». Indes kann dieser Glaubenseifer nicht auf sein Pharisäertum zurückgeführt werden, denn andere Rabbiner verhielten sich nicht so intolerant. Auch Patriarch Gamaliel plädierte dafür, freundlich mit den Jesuanern umzugehen.

An dieser Stelle wird eine religionsgeschichtliche Abschweifung notwendig. Die Autoren des Neuen Testaments reden oft schlecht von den Pharisäern; sie zeichnen sie als Heuchler, die fanatisch am toten Buchstaben des Gesetzes festhalten. Mit den Tatsachen hat diese Karikatur wenig zu tun. In Wahrheit waren die Pharisäer eine kleine Gruppe von Juden, die das Leben im gesamten Alltag heiligen wollten, nicht nur im Tempelgottesdienst. Ihr Beharren auf ethischen Werten

brachte sie in einen ernsten Konflikt mit den Sadduzäern, den Angehörigen der Tempelaristokratie. Ihr hebräischer Name, *parusim*, bedeutet auf deutsch soviel
wie: Dissidenten.

Abseits des Tempels entwickelten die Pharisäer eine
lebendige, fruchtbare Tradition, die sie messianischen
Schwärmereien mit großer Skepsis begegnen ließ. Alle
heutigen Varianten des jüdischen Glaubens, vom liberalsten Reformjudentum bis zur extrem orthodoxen
Richtung, sind aus dieser nichtapokalyptischen, messiasskeptischen Tradition erwachsen. Aber auch das
Christentum wäre ohne die *parusim* kaum denkbar:
Nicht nur Paulus war ein pharisäischer Schriftgelehrter,
sondern auch Jesus selbst.

Zu seiner Zeit beschäftigte sich ein Rabbi nicht nur
mit dem Studium der Thora, er hatte daneben einen
bürgerlichen Beruf. Dies gilt auch für Paulus: Er war
Zeltmacher. Das brachte ihm gewiß keinen Reichtum,
aber er war auch kein armer Mann. Vielleicht würde
man ihn heute zu den mittelständischen Unternehmern
rechnen. In sozialer Hinsicht unterschied er sich somit
deutlich von seinem Messias. Jesus war ein Mann vom
Lande, ein Zimmermann und Sohn eines Zimmermanns, der die Provinz Judäa sein kurzes Leben lang
nie verließ. Wahrscheinlich sprach der Nazarener
nichts als Aramäisch und Hebräisch, wobei er in Jerusalem durch seinen galiläischen Dialekt aufgefallen sein
muß wie ein Niederbayer in Berlin. Paulus dagegen war
ein jüdischer Kosmopolit, ein weltgewandter Städter,
der sich im gesamten hellenistischen Kulturkreis auskannte und außer Hebräisch und Aramäisch die griechische Gemeinsprache beherrschte – die κοινη –, dazu
vielleicht auch ein paar Brocken Latein.

Wie war er persönlich? Der englische Theologe E. P.
Sanders meint, er sei «voll Glut und Feuer, Leidenschaft und Kraft, Geist und Charme, Stolz und Demut,
enormem Selbstvertrauen und Furcht und Zittern» gewesen. Wer sich in seine Briefe vertieft, glaubt nach ei-
niger Zeit, ihn leibhaftig vor sich zu sehen, einen mit-
telgroßen Mann mit olivbrauner Haut und rauhen
Händen, der eine Art Turban auf dem Kopf trägt. Kein
gemütliches Gesicht – hängende Mundwinkel, ein dichter, an den Ecken grauer Rabbinerbart und dunkle Augen, die oft zornig aufblitzen. Die erste Hälfte seiner
Lebenszeit war dieser Eiferer um Gott, wie gesagt, ein
Pharisäer (übrigens ein guter, wie er nie zu erwähnen
vergaß). Die zweite Hälfte verbrachte er als Wander-
prediger der Jesusjuden. Seine Reisen durchpflügten
den Mittelmeerraum in einem wilden Zickzack und
führten ihn endlich nach Italien; wahrscheinlich starb
er als Märtyrer seines messianischen Glaubens in Rom.
Davor aber war es ihm gelungen, der Welt seinen geistigen Samen einzupflanzen.

Ein Prophet für die Völker

Saulus war überzeugt, daß er in den Tagen kurz vor
dem Ende der Geschichte lebte. In dieser messianischen
Zeit – so stand es in der Bibel – würden sich alle Völker
dem Einen Gott Israels zuwenden; und Saulus dachte,
daß er ausersehen sei, dieser Prophezeiung zur Erfüllung zu verhelfen. Der Herr, schrieb er, habe ihn schon
im Mutterleib ausgesondert und «berufen durch seine
Gnade». Damit stellte der Apostel sich ausdrücklich in
die Tradition des Propheten Jeremia: «Ich kannte dich,

ehe denn ich dich im Mutterleibe bildete», hatte Gott zu jenem gesagt, «und weihte dich, ehe denn du von der Mutter geboren wurdest, und setzte dich ein als Propheten für die Völker.» Genauso begriff sich Saulus: als *nawi lagojim*, als Gottesknecht, der unter die Nationen geschickt worden sei.

Wie verbreitete er seine Botschaft? Die Apostelgeschichte will uns allen Ernstes glauben machen, daß er sich in Ephesus oder Korinth auf den öffentlichen Markt stellte und dann zu predigen begann – womöglich nach dem Motto: Schalom, ich bin Paulus, und mein Gott heißt Jesus Christus. Günstigstenfalls hätte er sich damit lächerlich gemacht. Realistischer erscheint ein Szenario, das der Religionsphilosoph Jacob Taubes entworfen hat. Er stellt sich vor, daß Saulus nicht auf den Marktplatz, sondern in die Synagoge ging. Dort habe er mit römischen und griechischen Intellektuellen, unter denen es damals ein ernsthaftes Interesse für das Judentum gab, Gespräche angeknüpft: Viele, denen die Götterkulte nichts mehr bedeuteten, besuchten den jüdischen Gottesdienst, hörten der Bibellesung in der Landessprache zu, hielten zur großen Belustigung der anderen Heiden die Sabbatruhe ein. Den Juden galten solche Intellektuelle als Söhne und Töchter Noahs. Sie waren nicht beschnitten, benutzten kein rituelles Tauchbad, zählten nicht als Mitglieder der Versammlung und konnten nicht aufgerufen werden, aus der Thora zu lesen. Sie waren «Gerechte unter den Völkern», aber sie blieben Heiden.

Unter diesen Noachiden warb Paulus für seinen Messias. Und das war sein Angebot: Ihr könnt sofort zu vollwertigen Mitgliedern des Bundesvolkes werden, wenn ihr nur glaubt, daß Jesus der Erlöser war, der am

Galgen für euch gestorben ist. Ihr müßt euch weder beschneiden lassen noch komplizierte aramäische Bibelkommentare oder Hebräisch lernen – das einzige, was von den Formalitäten der Konversion zum Judentum noch übrigblieb, war das Untertauchen in lebendigem Wasser: die Taufe. Jene Heiden, die sich ihm anschlossen, nannte Saulus «Kinder Abrahams». Dies geschah im Einklang mit der jüdischen Tradition, nach der ein männlicher Konvertit *ben-Awraham* (Sohn Abrahams) heißt und eine konvertierte Frau *bat-Sarah* (Tochter Sarahs).

Allerdings gab es dabei ein fundamentales Problem: Paulus sprach ohne jede Autorität. Im eigentlichen Sinn des Wortes konnte er gar nicht Apostel genannt werden – wie berichtet, hatte er Jesus nie im Leben gesehen. Vielleicht war er nichts als ein Lügner? Woher kam seine Chuzpe, mit der er Schranken umstieß, die Gott selbst errichtet hatte? Saulus spielte sich ja auf wie ein neuer Moses! So entbrannte um seine Missionstätigkeit ein innerjüdischer Streit. Die stärkere Position hielten dabei jene Jesuaner, die darauf bestanden, daß heidnische Anhänger des Messias erst einmal Juden würden; das bedeutete, daß die Männer unter ihnen sich beschneiden lassen mußten. Saulus argumentierte gegen diese Meinung wie ein mit allen talmudischen Wassern gewaschener Rabbiner, der er ja übrigens auch war. Stand nicht geschrieben: *we-ehemin ba-haschem wajachschebeha lo zedaka*, und Abraham glaubte Gott, und es ward ihm zur Gerechtigkeit angerechnet? Und war der Stammvater des jüdischen Volkes damals etwa beschnitten gewesen? Na also! Man mußte nicht formal zum Judentum übertreten, um zum Gottesvolk zu gehören – der Glaube an Jesus genügte.

Scheinbar gingen solche Debatten um Spitzfindig-
keiten, in Wirklichkeit handelte es sich um ganz prak-
tische Fragen. War es jüdischen und heidnischen Anhängern Jesu möglich, miteinander an einem Tisch zu
sitzen und ihre Brotfladen in dieselbe Schüssel zu tau-
chen? Oder mußten sie sich Gedanken machen, ob der
Inhalt dieser Schüssel koscher war? Durfte ein Grieche
in Christi Namen eine Jüdin heiraten? Oder mußte er
erst sein edelstes Körperteil dem Beschneidungsmesser
preisgeben, damit die Ehe nach dem Gesetz von Moses
und Israel geschlossen werden konnte? Die Haltung
des Saulus in diesen Streitfragen war klar. Er sprach
sich strikt dagegen aus, die Heiden unter das Joch des
jüdischen Gesetzes zu zwingen. Seinen Gegnern, die
darauf bestanden, daß männliche Konvertiten ihre Vor-
haut verlieren sollten, widersprach er mit der gehässi-
gen Anregung: «Sollen sie doch gleich das ganze Ding
abschneiden.»

Es wäre jedoch verkehrt, daraus zu schließen, Paulus
habe das Gesetz Mosis insgesamt verworfen. Dies wäre
ihm gar nicht möglich gewesen, weil es der feste Punkt
im All war, von dem aus er argumentierte, auch dort,
wo er gegen es anredete. Hinzu kommt, daß das Gesetz
in der Theologie des Saulus eine notwendige Funktion
hat: Es existiert vor allem deshalb, um die Menschen
schuldig werden zu lassen. Gott will, daß sein Volk aus
dem Glauben gerecht werde, aber dazu muß es – logisch! – erst einmal ungerecht geworden sein. Ohne
Gesetz gäbe es keine Verdammnis; und ohne Verdammnis gäbe es keine Erlösung.

Sehr schön wird des Paulus dialektische Haltung
zum Gesetz auf einem Bild dargestellt, das sich in der
Kathedrale von Vézelay findet. Es zeigt Moses, der

oben das Korn ausschüttet, und den Apostel, der es unten im Sack des Evangeliums auffängt. Dazu gehört ein
lateinischer Text: «Du trennst, indem du die Mühle antreibst, von der Spreu, Paulus, das Mehl. Des mosaischen Gesetzes Kern machst du uns bekannt, aus dem
ganzen Korn wird wahres Brot ohne Spreu, und dauer-
haft unsere und angelische Speise.»

Ein Nachkomme Abrahams

Am besten wurde Paulus von seinen Feinden verstanden. Der deutsche Philosoph Friedrich Nietzsche etwa
schrieb mit hellsichtiger Abneigung: Ohne Paulus,
«ohne die Verwirrungen und Stürme eincs solchen
Kopfes, einer solchen Seele, gäbe es keine Christenheit;
kaum würden wir von einer kleinen jüdischen Secte er-
fahren haben, deren Meister am Kreuze starb». Und an
anderer Stelle: Paulus führte «mit dem Logiker-Zynismus eines Rabbiners» einen Verfallsprozeß zu Ende,
der mit dem Tod Jesu begonnen habe. Nietzsche weiter:
Paulus habe die gesamte Antike mit seinem «Tschandala-Haß» angesteckt, dem Haß des ewig Unterlegenen,
der die «*Entnatürlichung* der Natur-Werte» zur Folge
hatte. Alles Gesunde habe dieses «Genie im Haß» mit
seiner jüdischen Sklavenmoral, mit dem jüdischen
schlechten Gewissen infiziert. Die Juden seien darum
«das *verhängnisvollste* Volk der Weltgeschichte: in ihrer Nachwirkung haben sie die Welt dermaßen falsch
gemacht, daß heute noch der Christ antijüdisch fühlen
kann, ohne sich als die *letzte jüdische Konsequenz* zu
verstehn».
In demselben Sinn äußerte sich wenig später Paul de

Lagarde. Dieser Privatgelehrte war der Erfinder einer
völkischen Theologie, ein zur Kenntlichkeit entstellter
Nietzsche, den die Nationalsozialisten völlig zu Recht
als ihren Haus- und Hofheiligen verehrten. In seinen
Deutschen Schriften vermerkte Lagarde, Paulus sei
«der richtige Nachkomme Abrahams» gewesen, weil
er «auch nach seinem Übertritte Pharisäer vom Scheitel
bis zur Sohle» blieb:

Paulus hat uns das alte Testament in die Kirche gebracht, an
dessen Einflusse das Evangelium, so weit dies möglich, zu
Grunde gegangen ist: Paulus hat uns mit der pharisäischen Ex-
egese beglückt, die Alles aus Allem beweist, den Inhalt, der im
Text gefunden werden soll, fertig in der Tasche mitbringt, und
dann sich rühmt, nur dem Worte zu folgen … Er hat das gethan
unter dem lebhaften Widerspruche der Urgemeinde, die, so jüdisch sie war, weniger jüdisch dachte als Paulus, die wenigstens
nicht raffinierten Israelitismus für ein von Gott gesandtes Evangelium hielt.

Die antipaulinische Litanei, die Lagarde und Nietzsche
hier vorbeten – evangelisch frömmelnd der eine, offen
heidnisch der andere –, hat seither viele Nachbeter gefunden. Nach dem Zweiten Weltkrieg, als man kein
Antisemit mehr sein durfte, wurde sie freilich in eine
neue Tonart transponiert: die grün-alternativ-feministi-
sche. Heute singen die fortschrittlichen Christkinder
im Chor, daß Paulus ein alttestamentarischer Pflan-
zen- und Tierfeind gewesen sei, der die Homo- und andere Sexualität verteufelte. Er habe, schrieb die Frauen-
rechtlerin Simone de Beauvoir, die «leidenschaftlich
antifeministische Tradition des Judentums» fortgesetzt.
Kurz, der Heidenapostel sei schuld daran, daß die west-

liche Moderne entscheidend von jüdisch-patriarchalen Wertvorstellungen geprägt wurde.

Dieser Vorwurf ist selbstverständlich berechtigt. Nietzsche, Lagarde und Beauvoir haben die Wahrheit erkannt: Es handelt sich bei Paulus (alias Saulus) um den fähigsten Agenten, den die jüdische Weltverschwörung je hervorgebracht hat. Das Geheimnis seines Erfolges war, daß er sich einer Bildersprache bediente, die in der Antike allgemein verstanden wurde. Er sagte, Christus habe «sich selbst dargegeben für uns als Gabe und Opfer, Gott zu einem süßen Geruch». So deutete Paulus die Hinrichtung seines Messias in einen Triumph um. Der grauenhafte Tod Jesu am römischen Kreuz erhielt einen heilstiftenden Sinn. Zwar hatten die Menschen ihren Erlöser getötet, aber Gottes Güte war unbegreiflich und schrankenlos. Er liebte seine Feinde und nahm das unschuldige Opfer des Justizmordes, den sie begangen hatten, als Sühneopfer für ihre Sünden an. Hölle, wo ist dein Sieg? Tod, wo bleibt dein Stachel?

Diese geniale Umdeutung der Niederlage Jesu hat bewirkt, daß die hebräische Aufklärung die Grenzen ihrer eigenen Kultur überschreiten konnte. Sie wurde auch für Heiden akzeptabel, die keine Noachiden waren. Die Geschichten vom Gott Abrahams, Isaaks und Jakobs sprachen sich bald auch außerhalb der Synagogen herum. Die monotheistische Idee ergriff die Massen und wurde zur materiellen Gewalt. Ungefähr tausendneunhundert Jahre später erzählt Jacob Taubes von den Folgen dieser Revolution:

Ich habe einen sehr guten Freund, jetzt ist er Bischof in Stockholm, früher war er Professor in Harvard, wo ich ihn gut kannte, Krister Stendahl. Und... er besuchte mich mal in New

York, und wir standen vor einem sehr großen Kamin. Und Krister, das ist so ein Recke, der Goebbels hätte ihn beneidet um seine Figur, sagte zu mir: seine tiefste Sorge ist, ob er zu dem (wir sprachen englisch) «commonwealth of Israel» gehört. Da sagte ich mir: Krister, du Super-Arier, aus Schweden, am Ende der Welt, gesehen vom Mittelmeer, andere Sorgen hast du nicht? Nein, er hat keine anderen Sorgen! Da hab ich gesehen, was Paulus getan hat: daß einer in den Urwäldern Schwedens... sich Sorgen macht, ob er zum «commonwealth of Israel» gehört ... (Ich konnte ihn beruhigen: bei mir ist er drin.)

Ein Heiratsvermittler

Die überwältigende Mehrheit der Juden erkannte den Nazarener nicht als den Messias an. Saulus wurde dadurch in einen tiefen Seelenkonflikt gestürzt, er schrieb: «Ich sage die Wahrheit in Christus und lüge nicht, wie mir mein Gewissen bezeugt im heiligen Geist, daß ich große Traurigkeit und Schmerzen ohne Unterlaß in meinem Herzen habe.» Und nun folgt eine verblüffende Fortsetzung, ungeheuerlich und herzzerreißend: «Ich selber wünschte, verflucht und von Christus getrennt zu sein um der Brüder willen, die meine Stammverwandten sind, nach dem Fleisch Israeliten.»

Dieser Apostel sehnte sich nach dem Anathema, dem großen Bannfluch! Übrigens wäre es ihm in seinem ganzen Leben nicht eingefallen, sich Christ zu nennen. Eine solche Bezeichnung existierte zu jener Zeit noch gar nicht. Auch das Neue Testament war damals noch nicht geschrieben; die Evangelien entstanden erst nach seinem Tod. Wenn Paulus vom Wort Gottes, von der Schrift oder der Offenbarung redet, dann meint er damit immer nur eines und immer dasselbe – die hebräische Bibel. Und er segnete sein Volk, beinah in der Manier des Propheten Jesaja: «Denen gehört die Sohnschaft, die Glorie, Herrlichkeit, der Bund, das Gesetz, der Gottesdienst, die Verheißungen, denen auch die Väter gehören und aus denen Christus stammt, herkommt nach dem Fleisch.»

Aber wie brachte man diese Juden dazu, ihrem göttlichen Auftrag gerecht zu werden? Wie konnte man sie zum Glauben an Jesus Christus verführen? Vielleicht bediente sich Gott, um das Gute zu erreichen, der niedersten Instinkte – des Neides, der Rivalität, der Gefallsucht. Einen Hinweis darauf verdankt Saulus dem Prediger Salomo: «Auch sah ich Arbeit und Geschicklichkeit in allen Sachen, daß sie von eines Menschen Eifersucht gegen seinen Nächsten kommt.» Das war dann also die Lösung. Das auserwählte Volk mußte eifersüchtig gemacht werden. Die Juden sollten anschauen, wie der himmlische Bräutigam, den sie verschmäht hatten, sich nun vor ihren Augen den Unberufenen zuwandte – den Heiden. Paulus, der ketzerische Rabbi, war auch ein durchtriebener Heiratsvermittler.

In anderen Worten: Jene Juden, die sich Jesus verweigerten, spielten im göttlichen Plan des Paulus vorerst keine aktive Rolle mehr. Sie traten von der Bühne des Heilsgeschehens ab. Ein neues Gottesvolk, das aus Juden und Heiden bestand, eröffnete den zweiten Akt des Dramas in neuen Kostümen. Das heißt indes nicht, daß das alte Israel nun keine Funktion mehr gehabt hätte. Denn für wen wurde das ganze Eifersuchtstheater schließlich aufgeführt? Für die Götzendiener etwa, die es nichts anging und die es nicht interessierte? Nein, die Juden wurden noch dringend benötigt: als Zuschauer. Nur sie konnten bezeugen, daß die historische Entwicklung noch nicht abgeschlossen war. Der dritte Akt des Dramas aber werde die Allversöhnung sein, der *tik-kun olam*, wie er in den hebräischen Quellen hieß. Bald schon werde der auferstandene Jesus aus den Himmeln wiederkehren, und die Juden würden in ihm zu guter Letzt ihren Messias erkennen.

Die Rabbiner des Talmud haben dieser atembe-raubenden Geschichtsvision nichts entgegenzusetzen. Wohl aber Maimonides. Auch er war der Ansicht, daß der Regisseur, der in den Höhen thront, sich einer List bedient, um die Menschen auf den richtigen Weg zu locken: Sowohl der Irrglaube der Christen als auch die Lügenreligion Mohammeds seien Gottes Werk. Zwar hätten die Entstehung des Christentums und des Islam viel Leid über die Juden gebracht – aber dieses Unglück, meinte der Philosoph, werde der Menschheit schließ-lich zum Segen gereichen. Die beiden Tochterreligionen des Judentums dienten, ohne es zu wissen oder zu wol-len, jüdischen Interessen. Dieser Gedanke, der sich in der *Mischne Thora* findet, einem Werk, in dem Maimo-nides das jüdische Gesetz nach rationalen Maßstäben kodifizierte, war für Christen und Muslime kaum er-träglich. Der entsprechende Passus wurde darum aus den gedruckten Ausgaben getilgt und hat sich nur handschriftlich erhalten. Er lautet:

Alle Dinge, die Jesus, den Nazarener, betreffen und jenen Ismae-liten, der nach ihm aufstand, dienen nur dem Zweck, dem König Messias den Weg zu ebnen und die ganze Welt einzurich-ten, Gott einmütig zu dienen … Wie? Bereits ist die ganze Welt voll von Dingen, die den Messias und die Thora betreffen. Und diese Dinge sind bis auf entfernte Inseln und bei vielen Völkern verbreitet … Aber wenn der wahre Messias aufsteht …, werden sie ... erkennen ..., daß ihre Propheten ... sie in die Irre geführt hatten.

Im Neuen Testament heißt es: Die Ersten werden die Letzten sein. Und so ist es bei Saulus: Die Juden müssen bis zum Jüngsten Gericht auf den Zuschauerbänken Platz nehmen. Die Heiden, die sich zu Christus bekennen, dürfen sich vor ihnen spreizen, weil sie Gott nun näher sind. – Für Maimonides aber gibt es «in dieser göttlichen Komödie eine doppelte Ironie», wie der jüdische Religionswissenschaftler Daniel Krochmalnik anmerkt. Die Christen sind schlau und glauben, daß sie Gott auf ihrer Seite haben, aber Gott ist schlauer: Er foppt die Anhänger des falschen Messias aus Nazareth – mögen sie noch so felsenfest davon überzeugt sein, daß sie das göttliche Skript kennen. Denn heimlich waren die Letzten (die verstockten Juden) immer die Ersten geblieben. So stehen «die vermeintlich Ersten, die sich ihres Vorrangs stets gerühmt haben» am Ende als die Dummen da – ohne Applaus müssen sie von der Bühne ziehen.

Wer von beiden hat recht, Maimonides oder Paulus? Die Antwort kann nur der Messias geben. Sobald er auf seinem Esel in Jerusalem eingeritten kommt, sollten die Theologieprofessoren ihn fragen: Waren Sie schon einmal hier? Erst dann wird es möglich sein, den Streit zwischen Juden und Christen zu schlichten. Bis es soweit ist, muß eine Anekdote genügen.

Sie erzählt von einem israelischen Reiseführer, der regelmäßig Gruppen fundamentalistischer Protestanten aus Nordamerika durch Galiläa begleitete. Eines Tages überrumpelte ihn eine ältere Dame im vollklimatisierten Bus mit der Gretchenfrage: *Warum glauben die Ju-*

den nicht an Jesus Christus, unseren Herrn und Hei-
land? Der Israeli – Kind einer orthodoxen Familie in
New York, versiert in Mischna und Gemara, Absolvent
der Hebräischen Universität in Jerusalem – holte zu
einem längeren Vortrag über die messianische Idee im
Judentum und die Christologie seit Augustinus aus und
schilderte dann den Abgrund, der zwischen beidem
klafft. Irgendwann unterbrach ihn aufgeregt eine andere Fundamentalistendame: Aber sie habe doch mit
eigenen Ohren gehört, wie der Oberrabbiner von
Großbritannien sagte, daß er gar nicht überrascht
wäre, wenn der jüdische Messias sich am Ende wirklich
als Jesus Christus erweisen sollte – als unser Herr und
Heiland!

Es war heiß draußen. Es war ein langer und anstren-
gender Tag gewesen. Der Bus schlingerte in den Kur-
ven, und der Reiseführer hatte keine Geduld für einen
Religionsdisput. Also griff er zum Mikrophon und erwiderte sanft: Lady. Ich glaube Ihnen gern, daß der
Oberrabbiner von Großbritannien nicht überrascht
sein würde. Aber Sie wären's.

Paulus verbreitet die Jesuanische
Religion u.a. durch den Erlösungsgedanken.
Aber auch durch die Tatsache, daß
die Heiden u. das nachbiblischen Juden
Gehören konnten (ohne Beschneidung)

Esther
אסתר

Haman und zehn Söhne am Galgen (Illustration zum Buch Esther)

> ... zeigt sich mehr und mehr, daß
> das Christentum aufgrund seiner
> spezifisch semitischen, jüdischen
> Geistesart einen außerordentlich
> gewalttätigen und rücksichtslosen
> Charakter an sich trägt ...
>
> *Eugen Drewermann*

Es war zu der Zeit, da die Juden im Exil lebten, ver-
streut unter den Völkern des persischen Reiches; da
ließ König Ahasveros in der Residenz Susa ein Gast-
mahl geben. Und er befahl seinen Verschnittenen, daß
sie die Königin Vasthi holten, daß er den Völkern und
Fürsten ihre Schönheit zeige. Vasthi aber weigerte sich.
Da ergrimmte der König sehr und verstieß sie. Und er
bestellte Männer in allen Provinzen seines Königreichs,
daß sie schöne Jungfrauen zusammenbringen gen Susa
ins Frauenhaus; und welche Dirne dem König gefällt,
die werde Königin an Vasthis Statt.

Es war aber ein jüdischer Mann in der Residenz Susa,
der hieß Mordechai. Und er war ein Vormund der
Esther, die er aufgenommen hatte, da ihr Vater und ihre
Mutter gestorben waren; und sie war schön von Gestalt
und lieblich vom Ansehen. Da nun der Befehl des Königs laut ward und viel Dirnen zuhauf gebracht wurden
zur Residenz Susa, wurde auch Esther genommen zu

des Königs Haus. Und der König gewann Esther lieb
über alle Weiber, und er setzte die königliche Krone auf
ihr Haupt. Esther aber verschwieg ihre Abstammung
und ihr Volk wie ihr Mordechai, ihr Vormund, emp-
fohlen hatte.

Nach diesen Geschichten machte der König Ahasveros Haman groß, den Agagiter, und setzte seinen Stuhl
über alle Fürsten, die bei ihm waren. Und alle Knechte
des Königs beugten die Knie und fielen vor Haman nieder, denn der König hatte es also geboten. Aber Mordechai, der Jude, beugte die Knie nicht. Da sprachen
des Königs Knechte zu Mordechai: Warum übertrittst
du des Königs Gebot? Und da sie solches täglich zu ihm
sagten und er nicht gehorchte, sagten sie es Haman an.

Und Haman geriet in großen Zorn; aber es schien
ihm verächtlich, daß er an Mordechai allein sollte die
Hand legen, sondern er trachtete, alle Juden zu vertilgen, so im ganzen Reiche waren. Und er sprach zu
Ahasveros: Es ist ein Volk, zerstreut in allen Ländern
deines Königreichs, und ihr Gesetz ist anders denn das
aller Völker, und tun nicht nach des Königs Befehlen.
Es wäre kein Vorteil, sie im Lande zu dulden. Da zog
der König seinen Siegelring vom Finger und gab ihn seinem Minister Haman, dem Agagiter, der Juden Feind.
Und er sprach: Das Volk sei in deine Hand gegeben.

Da rief Haman die Schreiber des Königs, und hieß sie
schreiben an die Fürsten aller Provinzen, nach der
Schrift eines jeglichen Volks und nach ihrer Sprache
und mit des Königs Ring versiegelt. Und die Briefe wurden gesandt durch Läufer in die Länder des Reiches, zu
vernichten, vertilgen und auszumorden alle Juden, jung
und alt, Kinder und Weiber, und ihr Hab und Gut zu
plündern.

Da Mordechai erfuhr, was geschehen war, zerriß er seine Kleider und legte einen Sack an und Asche und schrie laut und kläglich. Und er kam bis vor das Tor des Königs. Haman aber, da er von einer Audienz hinausging, sah er Mordechai im Tor, daß er nicht aufstand noch sich vor ihm beugte. Und er erzürnte sehr und sprach: An der Herrlichkeit meines Reichtums und allem, wie mich der König so groß gemacht hat, habe ich keine Freude, solange ich sehe Mordechai, den Juden, am Königstor sitzen. Und er ließ einen Galgen errichten, fünfzig Ellen hoch, und wollte am nächsten Tage dem König sagen, daß man Mordechai daran hänge.

Esther aber erschrak sehr. Und sie zog sich königlich an und trat in den inneren Hof der Residenz; und da Ahasveros sie im Hofe stehen sah, fand sie Gnade vor seinen Augen. Und er sprach: Was ist dir, Esther, Königin? Was ist dein Verlangen? Und sei es auch die Hälfte des Königreichs, es sei dir gewährt. Esther sprach: Gefällt es dem König, so komme der König und Haman heute zu dem Mahl, das ich zugerichtet habe.

Da nun der König und Haman zu dem Mahl kamen, sprach Ahasveros, da er Wein getrunken hatte: Was bittest du, Esther? Was ist dein Verlangen? Und sei es auch die Hälfte des Königreichs, es sei dir gewährt. Da antwortete Esther und sprach: Habe ich Gnade vor dir gefunden, o König, und gefällt es dem König, so gib mir mein Leben um meiner Bitte willen und mein Volk um meines Begehrens willen. Denn mir und meinem Volk ist bestimmt, vernichtet, vertilgt und ausgemordet zu werden.

Der König Ahasveros fragte: Wer und wo ist er, der solches in seinen Sinn nehmen dürfte? Esther sprach: Ein grausamer und feindseliger Mann, und der ist

Haman. Und Esther redete weiter vor dem König und
fiel ihm zu Füßen und weinte und flehte ihn an, daß er
zunichte machte die Bosheit Hamans, des Agagiters,
und seine Anschläge, die er wider die Juden erdacht
hatte. Und der König gab den Juden Macht, in welchen
Städten sie auch waren, sich zu versammeln und zu vertilgen, zu erwürgen und umzubringen alle Macht des
Volkes und Landes, die sie ängsteten, samt den Kindern
und Weibern, und ihr Gut zu rauben.

Und bei den Juden war Licht, Freude, Wonne und
Ehre, daß viele aus den Völkern im Reich Juden wurden; denn die Furcht vor den Juden war über sie gekommen. Und Haman hängte man mit seinen zehn
Söhnen an den Galgen, der für Mordechai bestimmt
war. Und die Juden schlugen eine Schwertschlacht und
rächten sich nach Herzenslust und würgten und brachten um und standen für ihr Leben, daß sie Ruhe schafften vor ihren Feinden. Und in der Residenz Susa allein
erschlugen sie fünfhundert, und im ganzen Reich erschlugen sie ihrer Feinde fünfundsiebzigtausend – doch
nach der Beute streckten sie nicht ihre Hand.

Wie blutrünstig!

Ist das nicht barbarisch? Atavistisch? Grausam? Dür-
fen die Juden zur Erinnerung an diese frisch-fröhliche
Metzelei jedes Jahr einen Karneval feiern, der Purim
heißt? In Israel wimmeln die Straßen dann von kleinen
Esthers und dreikäsehohen Mordechais. Ist das nicht
geschmacklos? Oder ist Rache manchmal erlaubt?
Dürfen die Juden, wenn in ihren Synagogen das Buch
Esther verlesen wird, Hamans Namen mit aggressiv-

lustigem Lärm übertönen? Und dürfen sie nach der Lesung folgendes Gebet sprechen: «Gesegnet seist du, Herr, unser Gott, König der Welt, der unseren Streit für uns streitet, uns zu unserem Recht verhilft..., der an allen Feinden unseres Lebens Vergeltung übt ..., der den Ratschlag der Völker vereitelt»? Welches Fest beging der jüdische Rechtsradikale Dr. Baruch Goldstein, als er im Jahre 1994 pünktlich zu Purim neunundzwanzig wehrlose Palästinenser erschoß? Gebiert Gewalt immer nur Gegengewalt? Oder ist sie manchmal gut und gerecht?

Um mit einer scheinbaren Nebensächlichkeit zu beginnen: War es gerechtfertigt, daß der Bösewicht Haman am Galgen endete? Dazu wäre zu bedenken, daß die meisten Rabbiner des alten Israel die Todesstrafe ablehnten; allenfalls galt sie ihnen als ein notwendiges Übel. Das zeigt sich an ihrer Haltung gegenüber dem Sanhedrin, dem obersten jüdischen Gerichtshof der Antike. Wenn er öfter als einmal in sieben Jahren ein Todesurteil verhängte, handelte es sich laut dem Talmud um einen gottlosen Sanhedrin. Rabbi Elieser ben Asaria war noch radikaler: Er forderte, ein Sanhedrin müsse aufgelöst werden, wenn er öfter als einmal in *siebzig* Jahren ein Todesurteil vollstrecken ließe.

Diese Regelung hätte die Todesstrafe, wenn schon nicht *de jure*, so doch *de facto* abgeschafft. Kein Mensch hätte sich erinnert, wann sie das letzte Mal angewandt wurde, und so wäre sie schnell gänzlich in Vergessenheit geraten. Die wenigen Hinrichtungen, von denen die Bibel erzählt, werden im Talmud dann auch nicht als Handlungsanweisungen aufgefaßt. Sie gelten lediglich als Gradmesser dafür, wie verwerflich

Vergehen sind, die – theoretisch – so streng geahndet
werden müssen.

Wenn es aber ein Verbrechen gibt, das ausnahms-
weise die Anwendung der Todesstrafe rechtfertigt, so ist
das der Völkermord; und zwar ganz einfach deshalb,
weil die üblichen Kriterien des Strafrechts hier nicht
greifen. Abschreckung potentieller Nachahmungstäter?
Nur ein Geschichtsblinder könnte darauf hoffen. Schutz
der Gesellschaft vor einem Kriminellen? Aber ins Privatleben entlassen, erwiese der Delinquent sich zuverlässig als friedlicher Mitbürger. Bestrafung, um die
Welt wieder ins Lot zu bringen? Keine denkbare Strafe
könnte für diese Tat jemals angemessen sein.

Es mag verrückt klingen und ist doch wahr: Nach
den herkömmlichen Kategorien der Rechtslehre müßte
Haman auf freien Fuß gesetzt werden. Also bleibt nur
eines: ihn hinzurichten. Die Israelis haben keinen Justiz-
mord begangen, als sie Adolf Eichmann, den Chefpla-
ner der «Endlösung der Judenfrage», nach einem fai-
ren Prozeß aufhängten; und es ist zu wünschen, daß
die Stricke für Verbrecher seiner Art niemals reißen.
Schließlich kann keinem Angehörigen des Menschenge-
schlechts zugemutet werden, mit Leuten auf einer Erde
zu wohnen, die sich die Entscheidung über Leben und
Tod ganzer Bevölkerungsgruppen angemaßt haben.

Was aber ist mit Hamans zehn Söhnen? Warum gehören auch sie an den Galgen? Nun, nirgendwo im
Text steht geschrieben, daß es sich um zehn Kinder
handelt. Und wer den Nahen Osten kennt, weiß, daß
Diktaturen in dieser Weltgegend fast immer von Fami-
lienclans beherrscht werden. Heutzutage gebieten die
Söhne des jeweiligen Tyrannen meist über die Sicher-
heitsdienste; das verschafft ihnen den Freibrief, ihre

Untertanen nach perverser Lust und Herzenslaune zu terrorisieren.

Und jene fünfundsiebzigtausend Menschen, die ihr Leben ließen, nachdem Esther beim König interveniert hatte? Wie brutal! Die Juden hätten ihre Feinde gewaltfrei durch Liebe bekehren sollen. Aber hier ist von der wirklichen, blutbesudelten Welt die Rede, in der das Böse oft übermächtig wird. Ein Hungerstreik im Warschauer Ghetto hätte nicht die Herzen der Deutschen erweicht, sondern nur der SS die Arbeit erleichtert. Auch Jesus Christus wäre es nicht gelungen, in der Gaskammer von Auschwitz die andere Wange hinzuhalten.

Sch'foch chamat'cha el hagojim ascher lo jeda'ucha we-al mamlachot ascher beschim'cha lo kara'u – diese Verse beten Juden bei jedem Passahfest: «Oh Herr, schütte deinen Zorn aus über die Nationen, die dich nicht anerkennen, und über die Königreiche, die deinen Namen nicht anrufen.» Die lammfrommen Antisemiten sind schockiert. Vor lauter Betroffenheit übersehen sie die Fortsetzung dieses Psalms: «... denn sie haben Jakob» (das jüdische Volk) «vertilgt und seine Wohnungen verwüstet.» Die Juden an den Wassern von Babylon, als sie ihrer Heimat gedachten, weinten zähneknirschend vor sich hin: «Oh Tochter Babel, die du zur Zerstörung bestimmt bist, wohl dem, der dir vergilt, wie du uns getan hast! Wohl dem, der deine jungen Kinder packt und zerschmettert sie an dem Felsen!» Gewiß, die Nationalsozialisten hätten so etwas nie gesagt; niemals hätten sie ihren Rachephantasien dermaßen ungezügelt freien Lauf gelassen. Statt dessen haben sie lieber Bachs göttliche Fugen gehört, Goethe gelesen und Kants kategorischen Imperativ rezitiert. Aber die Nazis haben so etwas getan.

Minister Haman, der Agagiter, plante einen heiligen
Krieg gegen die jüdischen Bürger des persischen Reiches, einen Ausrottungsfeldzug. Gegen diesen versuchten Völkermord setzen die Opfer sich zur Wehr. Dabei
bewegen sie sich in einem rechtlichen Rahmen. Sie führen ihren Verteidigungskrieg gemäß den Abmachungen, die mit dem König des Perserreiches getroffen wurden. Die Juden bleiben aus freien Stücken sogar hinter
dem zurück, was Esther ausgehandelt hat. Sie «strek-
ken ihre Hand nicht nach der Beute», obwohl König
Ahasveros ihnen ausdrücklich gestattet hatte, ihre Wi-
dersacher zu plündern. Das bedeutet: Die Juden tragen
den Anhängern Hamans über das Ende der Kampf-
handlungen hinaus keine Feindschaft nach, sie hindern
die Gegenseite nicht am ökonomischen Wiederaufbau.

Freilich: Ein gerechter Krieg ist immer noch ein
Krieg, in dem Unschuldige sterben müssen – und sogar
bei den Schuldigen handelte es sich um Söhne und
Töchter Gottes. Ästhetische Schlachtverklärungen à la
Ernst Jünger wird der Leser in der Bibel vergeblich suchen. Andererseits verleugnet das Buch Esther nicht,
wie froh die Juden über die Chance sind, sich mit blan-
ken Schwertern zu wehren. In der Zeitspanne, die der
König ihnen einräumt, üben sie hart und schonungslos
Vergeltung – «daß sie Ruhe schafften vor ihren Feinden», wie es im Text heißt. Das Ziel des Krieges ist, ein
Exempel zu statuieren. Den Antisemiten soll Furcht
eingejagt werden, damit sie es sich künftig zweimal
überlegen, bevor sie wieder über die jüdische Minder-
heit in ihrer Mitte herfallen.

Gewiß kann man all dies auch ganz anders sehen.
Hier sind Auszüge einer Rede, die ein führender deutscher Politiker des Jahres 1935 hielt:

Lesen Sie einmal … diesen Teil jüdischer Geschichte, in dem erzählt wird, wie die Juden unter dem persischen Volk verteilt sitzen …, wie in diesem persischen arischen Volk die Erkenntnis
von der Gefahr dieser Juden vorhanden ist …, wie ferner der
Monarch, der in der Bibel Ahasverus genannt wird, und Xerxes
war, durch unerhört klug gesponnene Intrigen seiner Hofjuden
sich von seiner persischen Frau Vasthi trennt … Wir vernehmen
dann, wie nun … das Intrigenspiel getrieben wird, das so endet,
daß der seinem Volk und König treue Minister Haman … an
den Galgen geliefert wird … Die Bibel gibt an, daß 75 000 Perser
damals abgeschlachtet wurden.

So sprach der Reichsführer SS, Heinrich Himmler. Ein
Jahr nach Ende des Krieges wurden zehn geistige Söhne
dieses Haman in Nürnberg gehenkt, unter ihnen Julius
Streicher. Als man ihm die Schlinge um den Hals legte,
kreischte er folgende letzte Worte: *Purim 1946!*

Wie alttestamentarisch!

Der Pazifismus war immer eine antisemitische Ideologie. Von Anfang an gehörte es zu seiner Rhetorik, den
grausamen Kriegs- und Rachegott der Juden vom sanf-
ten Christus zu unterscheiden: Hie das alttestamentari-
sche «Auge um Auge, Zahn um Zahn» – und hie die
Bergpredigt mit dem Gebot «Liebet eure Feinde». Drü-
ben der allmächtige Tyrann, der Vergeltung übt bis ins
dritte und vierte Glied – und hüben der gute Hirte, den
kein Mensch fürchten muß. Dieses antisemitische Kli-
schee hat sich dermaßen tief in die Hirne gegraben, daß
die meisten Europäer es heute als völlig unbezweifel-
bare und selbstverständliche Wahrheit ansehen. Schuld
daran ist ein sentimentales Bild des Christentums, das

vornehmlich von Leuten hochgehalten wird, die gar keine Christen sind.

Ihnen zufolge schwebt das christliche Ideal über rosa Wolken und hat mit den Vorgängen auf der schmutzigen Erde nichts zu schaffen. Das Christentum, so meinen viele, die es nicht kennen, habe den Glauben des alten Israel durch eine höhere, mehr spirituelle Religion abgelöst. Seine Anhänger predigten eine Moral, die von Normalsterblichen kaum einzuhalten sei: eine Ethik der Selbstverleugnung, welche lehre, die andere Wange hinzuhalten und dem Bösen nicht zu widerstehen.

Diese Ansicht ist grundfalsch. Wie die katholische Cambridge-Dozentin Elizabeth Anscombe in einem glänzenden Essay darlegt, ist das Christentum «eine strenge und praktikable Religion. Seine moralischen Grundsätze sind jene des Alten Testaments, und sein Gott ist der Gott Israels.» Zum einen sollte festgehalten werden, schreibt Anscombe, daß die Nächstenliebe ein jüdisches Gebot ist; und sie erstreckt sich in der hebräischen Bibel auch auf den Feind. In der Thora heißt es: «Wenn du deines Feindes Ochsen oder Esel begegnest, daß er irrt, so sollst du ihm denselben wieder zuführen.» Die Sprüche Salomonis ergänzen: «Hungert deinen Feind, so gib ihm Brot zu essen; dürstet ihn, so gib ihm Wasser zu trinken.» (Im Junikrieg von 1967 erfüllte die israelische Verteidigungsarmee diese biblische Vorschrift ganz buchstäblich. Mit Helikoptern flog sie Wasserkanister für gefangene ägyptische Soldaten in die Wüste.) Ferner steht geschrieben: «Freue dich des Falles deines Feindes nicht, und dein Herz sei nicht froh über seinen Sturz.» Jesu Mahnung zur Feindesliebe war keineswegs originell. Der Nazarener erwies sich damit einfach als frommer Jude.

Womöglich noch bedeutsamer ist jedoch ein zweiter Aspekt: Aus dem Gebot, daß man seine Feinde lieben soll, folgt nicht, daß man vor ihnen die Waffen strecken muß. Auch nicht im Christentum. Es sei ein sentimentaler Irrtum, schrieb der englische Essayist Georg Orwell, daß Feindesliebe und Krieg nicht miteinander vereinbar seien. In Wahrheit könne man seine Feinde nur lieben, wenn man bereit sei, sie unter gewissen Umständen zu töten. Auch für die Anhänger Jesu gilt der Grundsatz des Talmud: «Wenn dich jemand umbringen will, so stehe du zuerst auf und töte ihn.» Schon Gottes eigenes Beispiel zeigt für Elizabeth Anscombe, daß es Unfug sei zu glauben, ein Christ dürfe dem Übel nicht bewaffnet entgegentreten: «Uns wird beigebracht, daß Gott das teuflisch Böse mit Gewalt in Grenzen hält. Nirgendwo wird uns das Bild vermittelt, Gott erlaube dem Teufel alles, was er zu tun imstande wäre.» Wer die Gewalt unter allen Umständen vermeiden will, beschwört sie herauf: Er überläßt das Feld dem Stärkeren, demjenigen, der am wenigsten Skrupel hat. Er liefert die Schwachen dem Faustrecht aus.

Indes hat die pazifistische Doktrin, wie Elizabeth Anscombe herausfand, noch einen weiteren Pferdefuß. Wer seine ethischen Standards höher ansetzt als die Zehn Gebote, macht es unmöglich, ihnen auch nur nahe zu kommen; damit aber verschafft man sich ein bequemes Alibi. Wer seine Latte so hoch hängt, daß nur ein moralischer Übermensch sie überspringen könnte, marschiert anschließend mit erhobenem Haupt darunter durch. Krieg ist doch sowieso verwerflich! Dann kommt es jetzt auch nicht mehr darauf an, und ich darf ohne Gewissensbisse morden, brandschatzen und vergewaltigen.

Der Weg zur einer friedlicheren Welt führt nicht über
die Abschaffung des Krieges, die ein utopischer Traum
ist, sondern auf dem Umweg über das *jus in bello*. Dieses versucht, die Mittel rechtlich zu begrenzen, die im
Rahmen einer bewaffneten Auseinandersetzung angewandt werden dürfen. Das *jus in bello* aber beginnt nirgendwo anders als in der Thora. Dort heißt es: «Wenn
du ausziehst zum Kriege wider deine Feinde, und der
Herr, dein Gott, gibt sie in deine Hand, daß du ihre Gefangenen wegführst, und siehst unter den Gefangenen
ein schönes Weib und hast Begehren nach ihr ...» Ja,
was dann? Ist es etwa verboten, sie zu schänden? Auf
den ersten Blick: nein. Statt dessen scheint die hebräische Bibel dem Mißbrauch alle Türen zu öffnen: «...so
führe sie in dein Haus und laß sie ihr Haar abscheren
und ihre Nägel beschneiden und die Kleider ihrer Ge-
fangenschaft ablegen.» Nun aber folgt eine verblüffende Wendung: «... und laß sie sitzen in deinem
Hause und beweinen einen Monat lang ihren Vater und
ihre Mutter; dann kannst du kommen und sie zur Ehe
nehmen, daß sie dein Weib werde.»

Jahrtausendelang war es das natürliche Vorrecht des
Kriegers gewesen, die Frauen des Feindes zu vergewaltigen. Sie waren seine Trophäen und die Notzucht sein
Triumph, das Schreien der Gequälten war sein Sieges-
geheul. Genau bei diesem Naturrecht hakt die Bibel
ein. Gewiß kassiert sie das alte Privileg nicht offen –
aber sie knüpft es an so viele Bedingungen, daß die Ver-
gewaltigung in der Praxis unmöglich wird. Und es
kommt noch besser. Nicht einmal der ehrwürdige
Brauch, die Frauen des Feindes in Sklavinnen zu verwandeln, soll länger geduldet werden. Die Thora befiehlt: «Wenn du aber keinen Gefallen mehr an ihr hast,

so sollst du sie gehen lassen, wohin sie will, und nicht um Geld verkaufen noch versetzen, darum daß du sie gedemütigt hast.»

Daß das *jus in bello* in der Bibel beginnt, sollte niemanden überraschen. Denn in diesem Punkt ist die jüdisch-christliche Ethik schon immer eindeutig gewesen: Es ist ohne Wenn und Aber verboten, mit Absicht unschuldiges Blut zu vergießen. Darum hatte jenes grausige Fest, das Dr. Baruch Goldstein am 14. Adar 5754 feierte, mit Purim nur das Datum gemeinsam. Und jene israelischen Rechtsradikalen, die den Mörder von Hebron bis heute als Märtyrer verehren, verkörpern alles mögliche, nur nicht den Geist des Alten Testaments.

Doch aus dem Verbot, vorsätzlich Unschuldige zu töten, folgt nicht, daß man gar kein Blut vergießen darf. Gelegentlich ist Gewalt notwendig, um schlimmeres Unheil abzuwenden, und dann ist sie auch gut. «Ich bin nicht gekommen, Frieden zu senden, sondern das Schwert», sagte der Nazarener. Es wäre ein Fehler, ihn mit dem Herzjesulein zu verwechseln, das die edlen Seelen an die Wände ihrer inneren Kapellen gemalt haben.

Die Zukunft des Krieges

Der gute alte nationalstaatliche Krieg, der von Regierungen erklärt, von Soldaten geführt und von Zivilbevölkerungen erduldet wurde, scheint am Ende zu sein. Der Militärtheoretiker Martin van Creveld meint: «Wie ein Mann, der einen Kopfschuß abbekommen hat, dem es aber gelingt, noch ein paar Schritte vorwärts zu torkeln, mag (er) ... sich kurz vor seinem Todesröcheln befinden.» Van Creveld fährt fort: «Künftig werden nicht Armeen die Kriege führen, sondern Gruppierungen, die wir heute als Terroristen, Guerillas, Banditen und Räuber bezeichnen, denen aber ohne Zweifel höflichere Namen für sich selbst einfallen dürften.» Anders gesagt, die Grenzen zwischen Krieg, organisierter Bandenkriminalität und fanatisiertem Gemetzel werden gänzlich verschwinden.

Unter Dichtern und Denkern des vorigen Jahrhunderts war es Mode, die Unterwelt in romantischen Farben zu schildern. Ihre Epigonen zeichnen sie noch heute als Hort des Widerstands gegen die verlogenen Konventionen der bürgerlichen Gesellschaft. Aus dieser Perspektive erscheint das Verbrechermilieu aufregend bunt und wird von tätowierten Blumen des Bösen bevölkert, die einem eigenen Ehrenkodex gehorchen, der sogenannten Ganovenehre.

Es ist das Verdienst der russischen Mafia, daß sie diesen Mythos zerpflückt hat. Nun liegt vor aller Augen offen zutage, daß die Verbrecherwelt nicht romantisch ist, sondern kalt und brutal; daß sie von Terror regiert wird; daß ihre Gangstermoral auf einer nazihaften Verachtung des Schwachen basiert. Übrigens wäre es ein gutgläubiger Irrtum zu meinen, Verbrecher seien nur aus Mangel an Geld und Bildung gestrauchelt und kriminell geworden. Das ist ebenso realitätsfern wie die These, der Rechtsradikalismus in Europa sei eine Folge der Arbeitslosigkeit. In Wahrheit handelt es sich beim kriminellen Milieu um einen Staat im Staate, der mit straffer, disziplinierter Mitleidlosigkeit regiert wird.

Wenn die Unterwelt dem politischen Fanatismus begegnet, wird es gefährlich für die westlichen Demokratien. Und diese Begegnung hat längst stattgefunden. In

Bosnien, in Somalia, im Sudan und im Libanon wurde
die wilde Ehe geschlossen – mit dem Resultat, daß nun
der Stammeskrieger sich anschickt, auf die geschichtliche Bühne zurückzukehren. Heute ist er aber nicht
mehr nur mit einer Lanze oder Machete ausgerüstet.
Auf den internationalen Waffenmärkten kauft er alles
von der Kalaschnikow bis zur Katjuschka-Rakete ein.

Das Territorium, über das der moderne Krieger ge-
bietet, hat mit einem Nationalstaat kaum mehr etwas
gemeinsam. Es befindet sich mal hier, mal dort, ist nur
unzureichend gegen Eindringlinge gesichert und außerdem eher klein. Seine Grenze bildet «hin und wieder
eine Straßensperre, die an unerwarteten Orten auf-
taucht und von Schurken bemannt wird, die genauso
darauf aus sind, ihre eigenen Taschen zu füllen wie die
ihrer Chefs». Genfer Abmachungen werden solche
Banditen nicht dazu bewegen können, sich fair und
schonungsvoll zu verhalten. Der künftige Banden- und
Stammeskrieg wird alle konventionellen Regeln über
den Haufen werfen. Martin van Creveld sieht voraus:
«Praktiken, die jahrhundertelang als unzivilisiert galten, etwa das Gefangennehmen von Zivilisten und ganzen Gemeinden, um Lösegeld zu erpressen, werden sehr
wahrscheinlich ein Comeback erleben.» Heute ist es
noch ein Akt der Barbarei, Kirchen oder Moscheen in
Trümmer zu legen – morgen werden «das Wahre, das
Schöne und das Heilige» bevorzugte und legitime An-
griffsziele abgeben.

Schlachten werden dann keine mehr geschlagen. Die
Handbücher über Strategie, Taktik und Manöverpla-
nung werden sich in Makulatur verwandeln. Die an der
herkömmlichen Doktrin geschulten Generäle können
in Frührente gehen. Die künftigen Formen militärischer

Auseinandersetzung, sagt van Creveld, seien «Scharmützel, Bombardierungen und Massaker». Zu den be-
liebtesten Waffen werde vermutlich Giftgas gehören,
denn es sei kostengünstig, leicht herzustellen und her-
vorragend für den Einsatz in dichtbesiedelten Gebieten
geeignet. Der große nukleare Knall wird aller Voraus-
sicht nach ausbleiben, aber das, meint Martin van Creveld, sei kein Grund zum Jubeln. Uns erwarte «ein
Krieg der Abhörgeräte und Autobomben ..., mit Männern, die einander aus nächster Nähe töten, und
Frauen, die in ihren Handtaschen Sprengladungen tragen wie auch die Drogen, um für sie zu bezahlen». Der
Krieg der Zukunft werde «schier endlos sein und blutig
und grauenhaft».

Welche Folgerungen ergeben sich aus diesem finste-
ren Szenario? Der führende deutsche Intellektuelle
bläst angesichts des weltweiten Bürgerkrieges zum ge-
ordneten Rückzug. Er rät den westlichen Demokratien,
sich auf ihre eigenen Probleme zu konzentrieren, die ja
groß genug seien, und die restlichen fünf Sechstel des
Planeten sich selbst zu überlassen. Daß es universale
Werte gebe, die auch militärisch verteidigt werden
müßten, hält er für eine fromme Lüge. Es sei unmöglich, allen Schlächtern jenseits der eigenen Landesgren-
zen zugleich in den Arm zu fallen – also solle man den
Versuch am besten gleich ganz sein lassen. Hans Magnus Enzensberger schreibt:

Die Idee der Menschenrechte erlegt jedermann eine Verpflich-
tung auf, die prinzipiell grenzenlos ist. Darin zeigt sich ihr theo-
logischer Kern, der alle Säkularisierungen überstanden hat. Jeder soll für alle verantwortlich sein. In diesem Verlangen ist die
Pflicht enthalten, Gott ähnlich zu werden, denn es setzt All-

gegenwart, ja Allmacht voraus. Da aber alle unsere Handlungs-
möglichkeiten endlich sind, öffnet sich die Schere zwischen Anspruch und Wirklichkeit immer weiter. Bald ist die Grenze zur
objektiven Heuchelei überschritten; dann erweist sich der Universalismus als moralische Falle.

Anders als Hans Magnus Enzensberger weigert sich der
führende Intellektuelle Frankreichs, vor der neuen Bedrohung zu kapitulieren. Statt die Flinte ins Korn zu
werfen, legt er sie auf die fanatisierten Amokläufer an.
«Da sich die Fähigkeit zur totalen Vernichtung mit großen Schritten ausbreitet», schreibt er, «sind wir am
Ende des Kalten Krieges gezwungen, von der begrenzten (atomaren und bipolaren) Abschreckung zu einer
generalisierten (globalen und humanitären) Abschrek-
kung überzugehen.» Dem Versuch des modernen Stam-
meskriegers, jenseits der Zentren der Zivilisation befreite Gebiete auszurufen und diese leerzumorden,
müsse von Fall zu Fall entschieden die Stirn geboten
werden. André Glucksmann führt aus:

Die Abschreckung verfolgt ein negatives Ziel. Ihr Schutz ver-
heißt keine strahlende Zukunft und keinen ewigen Frieden, sondern hemmt den Lauf der Katastrophe, hält das Massaker auf,
bewahrt die Menschheit, entweder teilweise oder als Ganzes.
Die Abschreckungsgewalt muß einen Schutzwall gegen das
Schlimmste errichten, die Clausewitzische Sperre gegen den Ag-
gressor, wonach eine große Nation dem Angriff ihre Verteidigung entgegensetzt.

Hat der deutsche oder hat der französische Intellektuelle recht? Und für wen werden sich am Ende die
Kirchen entscheiden: für Enzensberger, der ihnen rät,
die Menschenrechte als theologische Einbildungen zu

durchschauen, oder für Glucksmann, der vorschlägt,
die blutigen Herausforderungen rund um den ganzen
Erdball anzunehmen? Wessen Partei die Vertreter der
verschiedenen Konfessionen auch ergreifen mögen, eines steht schon jetzt fest: Ihre Entscheidung wird darüber mitbestimmen, ob die judäochristlichen Demokraten Europas und Amerikas eine Zukunft haben.

Die Demokratie muss wehrhaft bleiben. Gegen mordende Kälte Gewalt hilft nur gewaltige Gegenwehr.

Adam
אדם

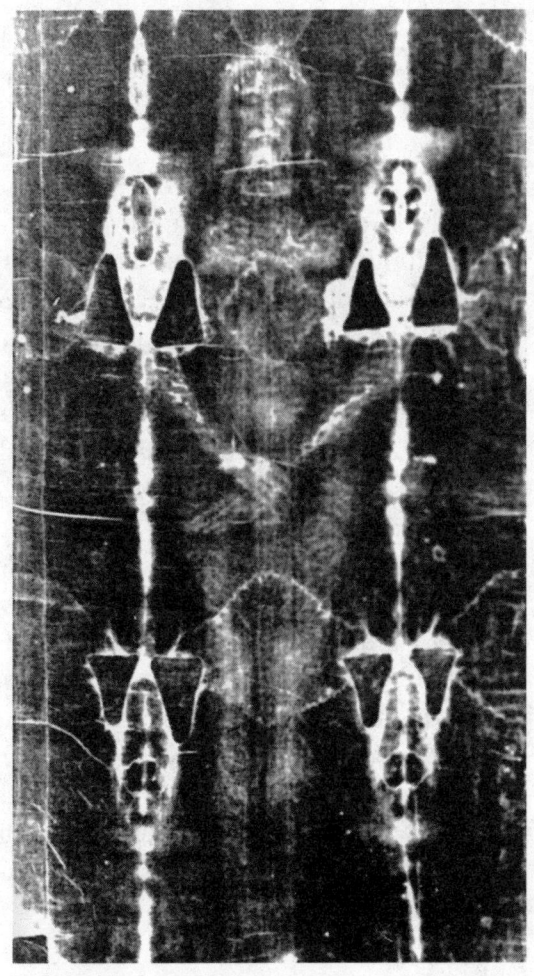

Das Grabtuch von Turin

Der Mensch ist das Maß aller Dinge.

Protagoras

Und Gott schuf den Menschen nach seinem Ebenbild; zum Bilde Gottes schuf er ihn. Er formte ihn aus Staub vom Erdboden und blies ihm den lebendigen Odem in seine Nase. Und also ward der Mensch eine lebendige Seele. Und Gott brachte allerlei Tiere auf dem Felde und allerlei Vögel unter dem Himmel zu ihm, daß er sähe, wie er sie nennen würde; denn wie der Mensch sie nennen würde, so sollten sie heißen. Und der Mensch gab einem jeglichen Vieh und Vogel unter dem Himmel und Tier auf dem Felde seinen Namen.

Da ließ Gott einen tiefen Schlaf auf den Menschen fallen, und er schlief ein. Und er nahm seiner Rippen eine und schloß die Stätte zu mit Fleisch. Und Gott baute ein Weib aus der Rippe, die er vom Menschen nahm, und brachte sie zu ihm. Und Gott segnete sie und den Mann und sprach zu ihnen: Seid fruchtbar und mehret euch und erfüllt die Erde und macht sie euch untertan und herrscht über die Fische im Meer und über die Vögel unter dem Himmel und über alles Getier, das sich auf Erden regt.

Zeugen der Anklage

Welcher andere biblische Passus hätte je soviel Haß auf
sich gezogen wie dieser? Den Ton gab dabei Arthur
Schopenhauer an. Er verglich die «bedeutende Rolle,
welche im Brahmanismus und Buddhismus durchweg
die Tiere spielen», mit der «totalen Nullität derselben
im *Juden-Christentum*». Empört zeigte sich der Philosoph vor allem darüber, daß Gott den Menschen «zum
ersten Professor der Zoologie bestellt», indem er ihm
aufträgt, die Tiere zu benennen. Dies sei ein Symbol
«ihrer gänzlichen Abhängigkeit von ihm, d.h. ihrer
Rechtlosigkeit».

Auf Schopenhauer wirkten solche Geschichten wie
«Judenpech» und «foetor Judaicus» (jüdischer Knob-
lauchgeruch). Der alte Kontinent sei ganz und gar von
diesem Gestank durchzogen. «Offenbar ist es an der
Zeit», meinte der Philosoph, «daß der jüdischen Na-
turauffassung in Europa wenigstens hinsichtlich der
Tiere ein Ende werde und das ewige Wesen, welches
wie in uns auch in allen Tieren lebt, auch als solches erkannt, geschont und geachtet werde.» Schopenhauer
drohte: «Wißt es, merkt es! Es ist ernst damit und geht
nichts davon ab, und wenn ihr ganz Europa mit Synagogen bedeckt.» Die antisemitische Wutorgie gipfelte
in der Forderung: «Die jüdische Ansicht der Tierwelt
muß ihrer Immoralität wegen aus Europa vertrieben
werden.»

Dieser Wunsch ging in Erfüllung, als in Deutschland
die Diktatur der Tierfreunde anbrach. Einer ihrer füh-
renden Repräsentanten bekannte sich zum Glauben der
alten Germanen, «daß alles, was es an Leben auf dieser
Erde ... gibt, von Gott geschaffen und von Gott beseelt

sei». Heinrich Himmler fuhr fort: «Törichte, böswillige und dumme Leute haben daraus ... das Greuelmärchen gemacht, als hätten unsere Vorfahren Bäume und Götter angebetet. Nein, sie waren ... von der göttlichen Ordnung ... der ganzen Pflanzen- und der ganzen Tierwelt überzeugt.» Der Reichsführer SS fügte hinzu:

Selbst in Fällen, wo der durch Tiere angerichtete Schaden ein offenkundiger war, wie z.B. bei einer Ratten- oder Mäuseplage, kennen wir Überlieferungen, daß der Stadtrat die Vernichtung dieser Mäuse und Ratten nicht ohne weiteres von sich aus ansetzen konnte, sondern auch diese kleinen, für die Menschheit doch in diesem Fall schädlichen Tiere waren in der göttlichen Ordnung verankert ... So wurden sie vor Gericht gestellt, und der anständige Deutsche stellt dem kleinen Nager einen Verteidiger vor seinem Gericht, und erst nach dem Rechtsverfahren, wenn erwiesen war, daß wirklich Ratte oder Maus die Ordnung und Harmonie dieses Stückchens Erde gestört hatte, konnte beschlossen werden, einen Vernichtungsfeldzug gegen sie zu beginnen.

Himmlers Aufruf zum Tierschutz endete mit der Mahnung, über solche «uralten, nach unserer Meinung vielleicht kindischen Anschauungen» nicht zu lachen. «Es wäre besser», meinte er, «wir pietätlosen Menschen würden unser Haupt neigen vor der Tiefe und Größe dieser Weltanschauung ...» So naturfromm, so sanftmütig war der Nationalsozialismus. Der Mann, der den Massenmord an den europäischen Juden und Zigeunern betrieb, plädierte für Fairneß gegenüber Mäusen und Ratten. Doch wir sollten vor keiner Frage zurückschrecken: Ist es möglich, daß sein germanischer Pantheismus dem biblischen Denken in puncto Umweltbewußtsein überlegen war?

Apologia defensiva

Gewiß kann nicht bestritten werden, daß die Bibel dem
Menschen befiehlt, sich die Erde untertan zu machen.
Indes folgt daraus keineswegs, daß er mit ihr tun und
lassen darf, was ihm beliebt. Das Gegenteil trifft zu:
Gott übergibt dem Menschen seine Schöpfung, damit
er pfleglich mit ihr umgehe. Wenn gesagt wird, der
Mensch solle über die Vögel unter dem Himmel und
die Fische im Wasser und das Vieh auf dem Felde bestimmen, so lädt ihm das eine schwere Verantwortung
auf die Schultern. Der Mensch ist gewissermaßen ein
Statthalter, der in Abwesenheit des Königs die Regie-
rungsgeschäfte übernimmt – dabei bleibt er seinem
Herrscher aber immer rechenschaftspflichtig. Die Natur ist dem jüdischen Denken kein Feindesland. Die
Psalmen singen in immer neuen Variationen ein kind-
liches Entzücken über die Welt:

Herr, mein Gott, du bist sehr herrlich; du bist schön und präch-
tig geschmückt. Licht ist dein Kleid, das du anhast, die Himmel
spannst du wie einen Teppich …, du fährst auf den Wolken wie
auf einem Wagen und gehst auf den Fittichen des Windes.

Gott liebt seine Geschöpfe:

Er läßt Quellen sich ergießen in den Tälern, daß die Wasser zwischen den Bergen hinfließen, damit alle Tiere auf dem Felde trinken und das Wild seinen Durst lösche … Es sättigen sich die
Bäume des Herrn, die Zedern des Libanon, die er gepflanzt hat.
Dort nisten die Vögel, und der Storch wohnt auf den Zypressen.
Die hohen Berge sind der Gemsen Zuflucht, und die Steinklüfte
der Kaninchen.

Diese wunderbaren Verse sind mehr als Poesie. Wenn behauptet wird, Juden seien herzlos im Umgang mit Tieren, ist das einfach unwahr. So soll der Sabbat ausdrücklich auch für die Haustiere ein Ruhetag sein; und der Mensch darf sich nicht zu seiner eigenen Mahlzeit niedersetzen, bevor er nicht ihnen zu fressen gegeben hat. Der Jagdsport ist nach jüdischem Gesetz verboten, weil man aus dem Töten kein Vergnügen machen darf. Grausamkeit gegenüber Tieren gilt dem Talmud als schlimme Sünde.

Dagegen ließe sich freilich einwenden, daß im zentralen Heiligtum in Jerusalem das Blut der Opfertiere nicht mehr zu strömen aufhörte – aus Dankbarkeit dafür, daß Gott seinem Knecht Abraham das Menschenopfer erlassen hatte. Allerdings ist das nun schon bald zweitausend Jahre her. Und wenn man von einer Handvoll Fanatiker absieht, möchte kein Mensch in Israel den Tempel wieder aufbauen.

Aber warum gestattet das Judäochristentum überhaupt den Genuß von Fleisch? Wieso folgt es nicht dem Vorbild des Buddhismus, der verbietet, auch noch dem kleinsten Lebewesen etwas zuleide zu tun? So mögen die Gesinnungsvegetarier fragen. Bei näherem Hinsehen sticht indes auch dieser Einwand nicht. Es besteht nämlich kein moralischer Unterschied, ob man ein Schnitzel verzehrt oder eine makrobiotische Möhre; in beiden Fällen wurde vorher ein Leben ausgelöscht. Warum sollte eine tierische Existenz wertvoller sein als eine pflanzliche? Wer weiterleben möchte, ohne andere organische Leben zu vernichten, muß sich auf künstliche Ernährung umstellen. Selbstverständlich darf der Mensch töten, um zu essen.

Zur Grundausstattung des Antisemitismus gehört

seit jeher die Propaganda gegen das jüdische rituelle
Schlachten. Auch die Nazis erhoben den Vorwurf, dem
Tier würden dabei unnötige Schmerzen zugefügt; sie
verboten das sogenannte Schächten, sobald sie an die
Macht gelangt waren. Wenn es um die Rechte der Flora
und Fauna ging, kannte ihr Humanismus kein Pardon.
Aber was verboten die Nazis da eigentlich? Beim
Schächten werden dem Schlachttier mit einem einzigen
blitzschnellen Schnitt die Weichteile der Kehle bis zur
Wirbelsäule durchtrennt. Das Messer muß rasiermes-
serscharf sein – ein Daumennagel darf nicht an seiner
Schneide hängenbleiben. Der Schächter begreift sein
Handwerk als Gottesdienst. Er ist ein frommer Mann,
kein verrohter Tierfeind. Wenigstens einmal im Jahr
muß er seinem Rabbinat beweisen, daß er souverän mit
dem Schlachtmesser umzugehen versteht.

Juden dürfen nur Fleisch von rituell reinen Tieren
essen: neben Geflügel sind das Paarhufer, die ihre Nahrung mehrmals verdauen. Wie bei allen anderen Vierbeinern wird ihr Schmerzgefühl in einem Teil des Gehirns erzeugt, der Willis-Zentrum heißt. Gewöhnlich
wird dieses Zentrum durch zwei Adern mit Blut ver-
sorgt; die erste führt durch die Kehle und die zweite
durch die Wirbelsäule. Doch es gibt eine Ausnahme –
und nur eine. Bei dieser ganz bestimmten Klasse von
Tieren fehlt die zweite Blutversorgung des Willis-Zen-
trums durch die Wirbelsäule. Also tötet man im selben
Moment, da man ihnen die Halsschlagader durch-
schneidet, auch ihre Fähigkeit, Schmerz zu empfinden.
Und was für ein Zufall – oder was für ein Gottesbe-
weis: Es handelt sich dabei just um wiederkäuende
Paarhufer, die einzigen Säugetiere, die überhaupt ge-
schächtet werden.

Die jüdische Sensibilität gegenüber dem lieben Vieh ist dank Paulus auch ins Christentum eingewandert. Der Heidenapostel sprach vom «ängstlichen Harren der Kreatur», die auf die «Offenbarung der Kinder Gottes» wartet, und er schrieb den berührenden Satz: «Denn wir wissen, daß alle Kreatur sehnt sich mit uns und ängstet sich noch immerdar.»

Heute ist die Empfindsamkeit gegenüber Tieren nirgendwo so ausgeprägt wie in den vom Judäochristentum geprägten Nationen. Sie nimmt hier schon groteske, manchmal auch bedenkliche Ausmaße an. So wird in den westlichen Ländern mehr Geld für Hunde- und Katzenfutter ausgegeben als für die Hungernden der Dritten Welt. Andere Kulturen gehen mit Tieren sachlicher um, kälter, gelegentlich brutaler. Das gilt auch für Indien. Schopenhauer befand sich im Irrtum, wenn er glaubte, Hindus hätten viel Mitleid mit Vierbeinern. Auch Tiere, die aus religiösen Gründen besondere Wertschätzung genießen, haben bei ihnen kein schönes Leben. Wer vor die Wahl gestellt wird, als heilige Kuh in Indien oder als profane Fleischkuh in Europa wiedergeboren zu werden, sollte sich ohne zu zögern für das kürzere Leiden des Schlachtviehs entscheiden.

Apologia offensiva

Und doch: Der Mensch nimmt im Alten Testament eine Sonderstellung ein. Nicht zu leugnen, das jüdisch-christliche Denken ist anthropozentrisch: Es rückt den Menschen in den Mittelpunkt. Denn im Unterschied zu Steinen, Pflanzen und Tieren hat Gott den Menschen nach seinem Ebenbild erschaffen. Was aber heißt das, wenn der Schöpfer weder Körper noch Gesicht oder Gestalt hat? Der Philosoph Maimonides rät, die Bibel an dieser Stelle metaphorisch zu verstehen: «Gott hat den Menschen in seinem Bild erschaffen» soll besagen, daß er dem Menschen seine göttliche Vernunft gab. Was aber bedeutet nun wiederum dies? Vernunft, was ist das? Schopenhauer schrieb:

Aller Juden-Mythologie und Pfaffeneinschüchterung zum Trotz muß auch in Europa endlich die ... Wahrheit zur Geltung gelangen ...: daß die Tiere *in der Hauptsache und im wesentlichen ganz dasselbe sind, was wir*, und daß der Unterschied bloß im Grade der Intelligenz, d. i. Gehirntätigkeit liegt ...

Diese These kann indes widerlegt werden. Ein Unterschied schiebt sich zwischen Tier und Mensch, der nicht hintergehbar ist: die Sprache. Zwei Millionen Spezies gibt es auf diesem Planeten, aber nur eine davon kann sie zählen und über sie berichten. Im Talmud heißt der Mensch *chai medaber*, «das Tier, das spricht»; auf lateinisch könnte man ihn *homo loquens* nennen. «Der Mensch wurde zum Menschen, als er ans Tageslicht der Sprache durchbrach», schreibt der amerikanische Schriftsteller Walker Percy. Freilich gibt es auch unter Tieren so etwas wie Kommunikation: Bienen führen ihren berühmten Tanz auf, Delphine verfügen über ein instinkthaftes Register von Piepstönen, und Schimpansen kann man mit viel Mühe sogar einfache Sätze beibringen. Aber keine Biene hat jemals einer anderen erzählt, welche Abenteuer sie erlebte, als sie von einer Blüte zur nächsten flog. Kein Delphin hat je ein Sonett verfaßt. Und jenes Sprachniveau, das ein paar beson-

ders intelligente Affen nach jahrelangem Training erreichen, entspricht ungefähr dem eines Wickelkindes. Mit
Sprache haben die «Tiersprachen» soviel gemein wie
eine vom Baum geworfene Kokosnuß mit einem Proto-
nenbeschleuniger.

Wie aber gelang dem *homo loquens* der Ausbruch
aus dem stummen Tierreich? Sicher scheint zu sein, daß
die Fähigkeit zum Sprechen angeboren ist. Nicht nur
sind Gaumen, Kehle und Zunge beim Menschen so ge-
formt, daß sie artikulierte Laute hervorbringen können; vor allem ist sein Hirn dazu angelegt, in Windes-
eile hochkomplexe grammatische Strukturen zu lernen
– und zwar kaum, daß er aus dem Mutterleib gekrab-
belt kam. Aber wie ist das möglich? Wie sieht die
Sprachtätigkeit des Gehirns aus? Die Wissenschaft
zuckt ratlos die Achseln. Auf die simple Frage: «Wie
kommt es, daß du reden kannst und ich imstande bin,
dich zu verstehen?» weiß sie keine Antwort. Der Linguist Noam Chomsky sagt, die mentale Spracherwerbs-
maschine sei eine schwarze Schachtel, die man nicht
öffnen kann. Ihre Funktionsweise bleibt unergründlich.

Mit anderen Worten: Die Sprache ist ein Wunder.
Die Teilung des Roten Meeres war dagegen ein Ta-
schenspielertrick, sogar die Speisung der Fünftausend
sieht im Vergleich ziemlich mager aus. Seltsamerweise
findet sich jedoch in der jüdischen Liturgie kein Gebet,
das dem Allmächtigen für die Gabe der Sprache dankt,
etwa nach der Formel: *Gesegnet seist du, Herr, unser
Gott, König der Welt, der du unseren Mund auftust,
daß wir dein Lob verkünden. Gesegnet seist du, Herr,
unser Gott, der dieses Wunder tut an allen Kindern
Adams jeglichen Tag.* Die Sprache war der Odem, den
der Allmächtige dem Erdenkloß einblies, um ihn zu ei-

ner lebendigen Seele zu machen. Seither befähigt Gottes Hauch den Menschen, Witze zu erzählen, Lügen zu verbreiten, Gedichte zu schreiben, endlose Streitgespräche zu führen und Pläne zu schmieden; und so wurde er zur erfolgreichsten Spezies, die je den Planeten bevölkert hat. Der Mensch, das sprechende Tier, ist die Krone der Schöpfung und das Maß aller Dinge.

Kreuzverhör

Aber ist diese philosophische Doktrin nicht brandgefährlich? Hat sie uns nicht bis an den Rand des Abgrundes geführt? Trägt nicht gerade diese Art menschlicher Arroganz die Verantwortung für die galoppierende Umweltverschmutzung und die Zerstörung aller natürlichen Lebensgrundlagen? Hier wird es notwendig, sich von den Höhen der Metaphysik zu verabschieden und in die Niederungen der Empirie hinabzusteigen. Es gilt, drei populäre Irrtümer zu widerlegen: die Legende vom Treibhauseffekt, das Schreckensmärchen vom Ozonloch und den Mythos von der Überbevölkerung.

1. In den siebziger Jahren fiel der Schatten eines schlimmen Verdachts auf die Industrie: Sie blase aus ihren Schloten so viel Kohlendioxyd in die Luft, daß die Erdatmosphäre sich immer mehr aufheize. Die achtziger Jahre schienen diese Vermutung zu bestätigen. Bald erschienen nicht nur in den Boulevardblättern, sondern auch in den seriösen Zeitungen hysterische Schlagzeilen: Die Polkappen schmelzen ab! Die Meeresspiegel steigen an! Weltenende! Land unter! Dürrekatastro-

phen! Hungersnöte! Die Folge, so hieß es, werde ein Millionenheer von Flüchtlingen sein, möglicherweise gefolgt von einem nuklearen Krieg um Lebensraum. Der amerikanische Politiker Al Gore ließ sich 1988 zu der geschmackvollen Äußerung hinreißen, die Menschheit lebe in der «Kristallnacht vor dem Treibhaus-Holocaust».

Merkwürdig nur, daß die Satelliten der NASA und die Statistiken der Meteorologen nicht das geringste Zeichen einer globalen Erwärmung feststellen konnten. Die einzige Temperaturschwankung, die von ihnen gemessen wurde, war eine kurzfristige Abkühlung: Als im Juni 1991 der philippinische Vulkan Pinatubo ausbrach und Schwefelsäuretröpfchen in der Atmosphäre das Sonnenlicht blockierten, ging die Temperatur der Erde um ein Grad zurück. (Just für diese Zeit hatten Klimaforscher dem Planeten erhöhtes Fieber prognostiziert, denn damals war Asien im Begriff, sich zu industrialisieren.) Auch auf den Ozeanen: Keine Spur davon, daß es auf lange Sicht wärmer wird. Der Meeresspiegel ist nicht einen Zentimeter gestiegen. Die Polkappen schmelzen nicht etwa ab, sie werden zur Zeit dicker. Schwankungen im Klima hängen auf eine Weise, die noch nicht sehr gut verstanden ist, mit den Sonnenflecken zusammen. Erhöhte Kohlenmonoxydwerte sind vielleicht eine Folge, nicht die Ursache kurzfristiger Erwärmungen. Und langsam beginnt die Erkenntnis aus Fachpublikationen in die Zeitungen durchzusickern, daß die Theorie vom Klimakollaps, die auf fragwürdigen Computermodellen basierte, vermutlich falsch war. «Nach der finalen Grillparty», resümiert der Ökologieforscher Dirk Maxeiner, «sieht das alles nicht aus.»

2. Wie aber verhält es sich mit dem Ozonloch über der Antarktis, das am Hautkrebs in Australien schuld sein soll? Der bedeutendste Wissenschaftstheoretiker dieses Jahrhunderts sagte kurz vor seinem Tod in einem Interview: «Die Ozonlöcher können seit Millionen Jahren existiert haben. Möglicherweise haben die keine Beziehung zu etwas Modernem.» Karl Popper hatte recht. Die Annahme, dieses Phänomen sei durch menschliche Aktivitäten hervorgerufen worden, ist tatsächlich strittig. So wäre es falsch zu glauben, daß das Ozonloch einfach immer weiter wächst. Es zieht sich periodisch zusammen und breitet sich dann wieder aus – so wie die Pupille kleiner wird, wenn Licht in sie einfällt, und sich bei Dunkelheit wieder vergrößert. Wenn die Stratosphäre über dem Südpol abkühlt, sinken die Ozonwerte schlagartig; sobald es warm wird, schnellen sie ebenso plötzlich wieder in die Höhe.

Unbestritten ist, daß sich das Ozonloch in den letzten Jahren nicht mehr vollständig geschlossen hat. Die entscheidende Frage ist aber, ob dies durch chemische Prozesse oder durch klimatische Veränderungen verursacht wurde. Neuere Erkenntnisse scheinen für die zweite These zu sprechen. Daß das Ozonloch durch die berüchtigten FCKWs hervorgerufen wurde, ist schon deshalb eher unwahrscheinlich, weil die Natur (etwa bei Vulkanausbrüchen) ungleich größere Mengen von FCKW-ähnlichen Substanzen produziert als die Industrie. Aber was hat die Klimaveränderung am Südpol ausgelöst? Vielleicht gibt es einen länger dauernden Zyklus des Ozonlochs, der den oben beschriebenen jahreszeitlichen Zyklus überlagert. Es wird angenommen, daß er mit dem Elf-Jahres-Rhythmus der Sonnenflecken zusammenhängt. Im übrigen ist die Neuigkeit vom Ozonloch so neu nicht: Es wurde bereits Ende der fünfziger Jahre von dem britischen Atmosphärenforscher Gordon Dobson entdeckt und exakt vermessen. Dobson ging damals davon aus, daß er es hier mit einem Naturphänomen zu tun habe.

3. Zu den ältesten Weltuntergangstheorien gehört ohne Zweifel die des englischen Mönchs und Ökonomen Thomas Malthus (1766 bis 1834). Er rechnete streng wissenschaftlich hoch, daß die Ackerflächen des Planeten nur für eine gewisse Menge von Menschen ausreichten. Werde diese Zahl überschritten, komme es in regelmäßigen Abständen zu Kriegen und Hungersnöten, und sie wüteten jedesmal so lange, bis die Bevölkerung wieder auf ein erträgliches Maß reduziert sei. Obwohl sich Malthus in einem zweiten Buch von seiner eigenen Theorie distanzierte, hat seine zynische Rechnung ihn doch überdauert: Mit nachgerade religiöser Inbrunst wird heute davon geredet, daß die Überbevölkerung geradewegs in den Kollaps führen müsse.

Das sei kompletter Unfug, sagt der Statistiker Julian L. Simon. Auf lange Sicht könne es auf der Erde gar nicht genug Menschen geben. Es existiere nicht der kleinste Anhaltspunkt dafür, daß Bevölkerungswachstum den wirtschaftlichen Fortschritt hemme. Daß immer mehr Menschen geboren würden, sei ein «Triumph des menschlichen Geistes und menschlichen Organisationstalents über die rücksichtslosen Todeskräfte der Natur». Der Lebensstandard sei auf der ganzen Welt bei steigenden Menschenzahlen immer höher geworden. Hungersnöte hätten seit dem neunzehnten Jahrhundert deutlich abgenommen, sogar in den armen Ländern.

Und was ist mit Afrika? Die Katastrophe dieses Kontinents, schreibt Simon, habe nichts mit Überbevölkerung zu tun. Die Ursache des Hungers dort sei «ein Amalgam von Bürgerkriegen und kollektivierter Landwirtschaft, die durch periodische Dürrezeiten nur noch mörderischer wurden». Simon weiter: «Das Weltproblem Nummer eins sind nicht zu viele Menschen, sondern vielmehr der Mangel an wirtschaftlicher und politischer Freiheit.» Demokratische Nationen würden spielend mit einer bisher nie gekannten Bevölkerungsdichte fertig. Und die Umweltbelastung nehme dabei nicht zu, sie werde geringer: In den Vereinigten Staaten etwa seien Luft und Wasser über die vergangenen Jahrzehnte meßbar sauberer geworden.

Der Mönch Malthus glaubte allen Ernstes, einer größeren Zahl von Menschen werde zunehmend weniger Ackerland zur Verfügung stehen. Das Gegenteil ist der Fall: Je mehr Menschen es gibt, desto mehr Land wird unter den Pflug genommen. Seit das sprechende Tier sich über den Planeten ausbreitet, macht es Brachland urbar, indem es Sümpfe trockenlegt, Wüsten bewässert und Wälder rodet. Gleichzeitig werden die Methoden der Landwirtschaft immer moderner. Dank der Technik wird heute weniger Ackerfläche denn je benötigt, um die Bevölkerung der Industriestaaten zu ernähren. Die amerikanischen Farmer, die deutschen Bauern und sogar die israelischen Kibbuzniks erzielen auf ihren Anbaugebieten enorme Überschüsse.

Dieses Rechenmodell gilt auch für andere natürliche Ressourcen. Sie sind keineswegs knapper geworden; im statistischen Mittel fallen ihre Preise immer tiefer, und ein Ende ist nicht abzusehen. Julian L. Simon schreibt: Prinzipiell seien die Rohstoffvorräte unbegrenzt. Erstens werden ständig neue Orte erschlossen, wo man sie schürfen oder nach ihnen bohren kann (in Zukunft wohl auch auf anderen Planeten). Zweitens mögen Methoden gefunden werden, sie künstlich herzustellen. Drittens können Substanzen sich als Ressourcen erweisen, die vorher keine waren. Um die Jahrhundertwende kaufte man Benzin in winzigen Flaschen in der Apotheke, um seine Handschuhe damit zu reinigen. Niemand hätte sich damals träumen lassen, daß Erdöl eines Tages ein begehrter und sündteurer Rohstoff sein würde.

Die wichtigste Ressource ist somit das Wissen. Damit es in ausreichendem Maß zur Verfügung steht, braucht unsere Spezies aber Menschen in Rabenschwärmen, vor allem «ausgebildete, motivierte, hoffnungsvolle junge Menschen, die ihren Willen und ihre Phantasie zum eigenen Vorteil einsetzen». Damit will Simon nicht sagen, daß die Aussichten in jedem Fall rosig sind. Der Kindersegen kann sich jederzeit in einen Fluch verwandeln, wenn nicht die richtigen Rahmenbedingungen geschaffen werden – *give freedom a chance!* Der Statistiker faßt zusammen: «Mehr Menschen, das bedeutet in der Tat mehr Probleme. Aber es bedarf gerade auch dieser größeren Zahl von Menschen, um diese Probleme zu lösen.»

In der hebräischen Bibel stehen viele schöne und wichtige Sätze. Zu den humansten von ihnen gehört zweifellos Gottes Anweisung: *pru ur'wu* – seid fruchtbar und mehret euch.

Schlußplädoyer

Gott erschuf den Menschen in seinem Bild: Er verlieh ihm die Gabe der Sprache. Er trug Adam auf, den Tieren Namen zu geben, und setzte ihn als Vizekönig im Garten Eden ein. Unsere Ureltern aber mißbrauchten dieses Privileg. Sie ließen sich von der Schlange einflüstern, wie süß die verbotene Frucht vom Baum der Erkenntnis schmecken würde, und überredeten einander, Gottes Gebot zu übertreten. In der christlichen Interpretation begründeten sie damit ein Verhängnis von kosmischen Ausmaßen – den Sündenfall. Nicht nur Adam und Eva hätten sich damals an Gott vergangen, auch ihre Nachkommen seien von Schuld infiziert. Der gesamten Menschheit hafte seither der Makel der Erbsünde an.

Das Wunderbare an dieser christlichen Interpretation ist, daß man sie mühelos umkehren kann. Der Sündenfall erweist sich dann als ein Sturz nach oben: Er erhebt den Menschen über die anderen Lebewesen dieses Planeten. Schließlich war es nicht irgendein Baum der Erkenntnis, von dem Adam und Eva aßen; sondern die verbotene Frucht stammte vom *etz ha-da'at tow we-rah*, dem Baum der Erkenntnis des Guten und Bösen. Als Adam und Eva das göttliche Gebot übertraten, wurden ihre Augen aufgetan. Sie waren keine schuldlosen Kinder mehr und traten in die Welt der Erwachsenen ein.

Nur der *homo loquens* kann mit moralischen Maßstäben gemessen werden, das macht seinen Rang aus. Dies gilt auch für seine Beziehung zur Natur: Nur der Mensch ist fähig, human mit den anderen Gottesgeschöpfen umzugehen. Tiere haben kein Herz für Tiere – nicht einmal für solche, die ihrer eigenen Gattung ange-

hören. Schimpansen veranstalten regelrechte Treibjag-
den auf kleinere Affen und führen Territorialkriege, bei
denen sie ihre Feinde buchstäblich in Stücke reißen. Ein
junger Löwe, der ein Rudel übernimmt, beißt zunächst
die Kinder seines Vorgängers tot; das ist sein erster Re-
gierungsakt. Die Löwenmütter sind darüber ungefähr
drei Stunden lang betrübt. Dann haben sie alles vergessen und lassen sich von ihrem neuen Gebieter bestei-
gen. Wie brutal! Nein, wie natürlich. Es macht keinen
Sinn, Tiere grausam zu nennen. Nur Menschen können
schuldig werden – und das ist ihre ganze Ehre.

Darum hat die jüdäochristliche Tradition recht mit
ihrem Anthropozentrismus. Sie hat recht, wenn sie be-
tont, daß der Mensch – er allein – zum Bilde Gottes geschaffen wurde. Der jüdische Dichter Heinrich Heine
schrieb in seinem *Atta Troll*: «Ja, ich bin ein Mensch,
bin besser / Als die andern Säugetiere; / Die Intressen
der Geburt / Werd ich nimmermehr verleugnen. / / Und
im Kampf mit andern Bestien / Werd ich immer treulich
kämpfen / Für die Menschheit, für die heilgen / Angebornen Menschenrechte.» Gut möglich, daß von diesen
Versen ein «foetor Judaicus» ausgeht, daß sie den Antisemiten nach Knoblauch stinken. Mögen die Anhänger der Philosophie Schopenhauers ihre empfindlichen
Nasen rümpfen.

Eleasar
אלעזר

Koscherer Metzger

Nur sehr oberflächliche Menschen
urteilen nicht nach der äußeren
Erscheinung.

Oscar Wilde

Höre Israel! der Herr unser Gott, der Herr ist Einer. Und du sollst den Herrn, deinen Gott, lieben mit deinem ganzen Herzen und deiner ganzen Seele und deinem ganzen Vermögen, und es sollen diese Worte, die ich dir heute gebiete, in deinem Herzen sein. Und du sollst sie deinen Kindern einschärfen und davon reden, wenn du sitzest in deinem Hause und wenn du gehst auf dem Wege, wenn du dich niederlegst und wenn du aufstehst. Und du sollst sie zum Wahrzeichen an deine Hand binden und sollen dir ein Denkmal vor deinen Augen sein. Und du sollst sie über deines Hauses Pfosten schreiben und an dein Tor. Und die Kinder Israel sollen sich Schaufäden machen an die Zipfel ihrer Kleider, und sollen an die Schaufäden des Zipfels eine purpurblaue Schnur ansetzen. Und sollen euch die Schaufäden dazu dienen, wenn ihr sie anseht, daß ihr euch erinnert aller Gesetze des Herrn, damit ihr nicht umherspähet nach eures Herzens Dünken und abgöttisch werdet. Denn ein heilig Volk sollt ihr sein dem Herrn, eurem Gott.

Alles, was die Klauen spaltet und wiederkäut unter

den Tieren, das sollt ihr essen. Was aber wiederkäut und hat Klauen und spaltet sie doch nicht, wie das Kamel, das sollt ihr nicht essen – unrein ist es euch. Das Kaninchen wiederkäuet wohl, aber es spaltet die Klauen nicht – unrein ist es euch. Der Hase wiederkäut auch, aber er spaltet die Klauen nicht – unrein ist er euch. Und ein Schwein spaltet wohl die Klauen, aber es wiederkäut nicht – unrein ist es euch. Von dieser Fleisch sollt ihr nicht essen noch ihr Aas anrühren – unrein seien sie euch.

Dies sollt ihr essen unter dem, was in den Wassern ist: alles, was Flossen und Schuppen hat in Wassern, im Meer und in Bächen, das sollt ihr essen. Alles aber, was nicht Flossen und Schuppen hat im Meer und in Bächen, soll euch ein Greuel sein, daß ihr von ihrem Fleisch nicht eßt und vor ihrem Aas euch scheut. Das Böcklein sollst du nicht in der Milch seiner Mutter kochen. Blut sollst du nicht essen, denn in ihm ist das Leben. Und welcher Mensch, er sei vom Hause Israel oder ein Fremdling unter euch, irgend Blut ißt, wider den will ich mein Antlitz setzen und will ihn aus der Mitte seines Volkes ausrotten.

Das verdichtete Symbol

Ist das nicht abergläubisch? Magisch? Irrational? Die Antwort auf diese Fragen scheint sich zu erübrigen in einer Zeit, die dem Ritual mit Abneigung, ja Widerwillen begegnet. Tabus? Das ist doch etwas für Wüstenbewohner, nicht für moderne Großstadtmenschen. Die mosaischen Speisegesetze wären folglich nichts als primitive Stammesregeln; allenfalls läßt sich der gebildete

Zeitgenosse herab, ihnen zu bescheinigen, daß sie vor dreitausend Jahren eine gewisse hygienische Berechtigung gehabt haben mögen. Mit anderen Worten: Selber schuld, wer sich immer noch daran hält. Auch Masken und Rollenspiele werden heute nicht mehr gebraucht. Höflichkeit ist Heuchelei; als ehrlich gilt, wer sein Herz auf der Zunge trägt. Institutionen sind böse, weil sie die Menschen voneinander trennen. Authentizität ist gut, weil sie den Menschen hilft, einander näherzukommen. Gefühle sind Trumpf. Religion ist Privatsache und Glaube eine Frage der inneren Einstellung.

Was sich in dieser Haltung niederschlägt, sind freilich nicht aufklärerische Ideale, sondern fundamentalistische Wahnideen. Seit es keine Tabus mehr geben soll, sind die westlichen Gesellschaften keineswegs zivilisierter, sondern eher barbarischer geworden. Irgend etwas an der hier präsentierten Rechnung stimmt also nicht.

Gesiegt hat zunächst einmal nicht die Aufklärung, sondern der Protestantismus. Dieser war vor allem ein Aufstand gegen das Ritual: Der deutsche Reformator Martin Luther lehrte, daß die Gerechtigkeit allein aus dem Glauben, nicht aus den Werken komme. Luthers Polemik richtete sich gegen seine beiden Lieblingsfeinde gleichzeitig – sie sollte die Juden und die Kirche auf einen Streich treffen. Das Echo dieser dröhnenden Ohrfeige ist das Hintergrundgeräusch auch der heutigen Debatte. Andere protestantische Dogmen mögen längst in Vergessenheit geraten sein, aber diese eine Luther-These hat sie überdauert: «Werkgerechtigkeit» ist etwas Verwerfliches. Da gibt es doch Leute, die glauben, sie würden von ihren Sünden befreit, wenn sie am Neujahrstag Brotkrümel ins Wasser werfen! Wie unmoralisch. Da gibt es doch andere Leute, die hoffen, daß sie selig werden, wenn sie am Freitag kein Fleisch essen! Die kommen bestimmt in die Hölle.

Wo der Vulgärprotestantismus hintritt, wächst kein Gedanke mehr. So erinnert sich bald niemand mehr daran, welche Funktion das Ritual erfüllt und was es eigentlich ist: eine symbolische Handlung. Mit abergläubischem Hokuspokus und Stammesmagie hat das zunächst nichts zu tun. Die Anthropologin Mary Douglas schreibt:

Nur mit Hilfe von Symbolen ist Kommunikation überhaupt möglich, nur durch sie können Werte zum Ausdruck gebracht werden; sie sind die Hauptinstrumente unseres Denkens und die einzigen Regulative unserer Erfahrung. Wenn überhaupt Kommunikation stattfinden soll, müssen strukturierte Symbole zur Verfügung stehen ...

Was Mary Douglas damit meint, wird am besten durch eine Episode aus dem zweiten Buch der Makkabäer illustriert. Sie erzählt von einer Zeit, als die Griechen das antike Israel unterjocht hatten und den Juden heidnische Gebräuche aufzwangen. Es war ein erbarmungsloser Kulturimperialismus. Der persische Minister Haman wollte das jüdische Volk physisch ausrotten; der griechische König Antiochus aber trachtete, die geistigen Grundlagen des Judentums zu vernichten. Nachdem seine Truppen Jerusalem überrannt und Massaker unter der Zivilbevölkerung angerichtet hatten, ließ er den goldenen Altar aus dem Tempel rauben und Götterbilder dort aufstellen. Seine Aufpasser wachten darüber, daß niemand sich mehr ans jüdische Gesetz hielt. Wer weiterhin den Sabbat feierte oder seine Söhne beschneiden ließ, wurde sofort umgebracht. Ferner ordnete Antio-

chus an, daß auf den Altären Schweine geopfert würden,
und er befahl den Juden, rituell unreine Nahrung zu sich
zu nehmen. Wer sich weigerte, wurde zu Tode gefoltert.
An dieser Stelle setzt die folgende Geschichte ein. Sie
handelt von einem unbeugsamen Rabbi namens Eleasar und ist so großartig, daß sie ausführlich zitiert werden sollte:

Es war der vornehmsten Schriftgelehrten einer, Eleasar, ein be-
tagter und doch sehr schöner Mann, dem sperrten sie mit Gewalt den Mund auf, daß er sollte Schweinefleisch essen. Aber er
wollte lieber ehrlich sterben, denn so schändlich leben, und spie
es aus. Und da er freiwillig zur Marter ging, strafte er die, so ver-
botenes Fleisch aßen aus Liebe des zeitlichen Lebens. Weil nun
die, so verordnet waren, daß sie die Leute zu Schweinefleisch
wider das Gesetz dringen sollten, ihn eine so lange Zeit gekannt
hatten, nahmen sie ihn an einen Ort und sagten, sie wollten ihm
Fleisch bringen, das er wohl essen dürfe, er sollte sich aber stellen, als wäre es geopfertes Schweinefleisch, und sollte es dem
König zuliebe essen, daß er also am Leben bliebe und der alten
Freundschaft genösse. Aber er bedachte sich also, wie es seinem
großen Alter und eisgrauen Kopf, auch seinem guten Wandel,
den er von Jugend auf geführt hatte, und dem heiligen, göttlichen Gesetz gemäß war, und sagte dürr heraus: Schickt mich
immer unter die Erde hin ins Grab. Denn es will meinem Alter
übel anstehen, daß ich auch so heuchle, daß die Jugend geden-
ken muß, Eleasar, der nun neunzig Jahre alt ist, sei auch zum
Heiden geworden, und sie also durch meine Heuchelei verführt
werden, daß ich mich so vor den Leuten stelle, und mein Leben
eine so kleine Zeit, die ich noch zu leben habe, also friste. Das
wäre mir eine ewige Schande … Darum will ich jetzt fröhlich
sterben, wie es mir altem Mann wohl ansteht, und der Jugend
ein gutes Beispiel hinterlassen, daß sie willig und getrost um des
herrlichen, heiligen Gesetzes willen sterben. Da er diese Worte
also geredet hatte, brachte man ihn an die Marter …

Nirgendwo wird in dieser Geschichte so getan, als ob
das Schwein an sich besonders schmutzig oder ab-
stoßend wäre. Nach dem jüdischen Gesetz ist es ja
auch, wie Mary Douglas richtig anmerkt, «nicht mehr
und nicht weniger unrein als z. B. das Kamel oder der
Klippschieferdachs». Auch behauptet niemand, daß
das Schweinefleischverbot einen rational einsehbaren
Grund hätte. Gerade darum kann es aber zum Symbol
werden – genauer: zu dem, was die Anthropologin ein
«verdichtetes Symbol» nennt. Das Verbot, Schweiner-
nes zu essen, ist gleichsam eine Abkürzung, ein Steno-
gramm. Es steht für das Judentum selbst: für das ganze
jüdische Gesetz mitsamt allen Zehn Geboten. Des Rabbiners irrationale Weigerung, sich beim Essen von ko-
scherem Fleisch so zu stellen, als ob es unkoscher wäre,
ist eine Lektion sowohl für die Juden als auch für die
Griechen. Die einen werden ermutigt, ihre Tradition
nicht zu verraten; den anderen wird gezeigt, daß ihre
Macht nicht grenzenlos ist. Das Ritualgesetz, das auf
den ersten Blick so sinnlos erscheint, erweist sich auf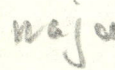
den zweiten Blick als ein Bollwerk, das den Berg Zion
vor seinen Feinden schützt.

Das Konzil der Buchhalter

Auf dem Zweiten Vatikanischen Konzil (es dauerte von
1962 bis 1965) beschloß die katholische Kirche eine Liturgiereform. Die Messe, die bisher auf lateinisch zele-
briert worden war, sollte nunmehr in der Landessprache gelesen werden. Das Ritual wurde vereinfacht und
auf die Gegenwart zugeschnitten, es wurde populari-
siert. Die meisten linken Katholiken begrüßten diese

Reform, weil sie ein Fortschritt in Richtung Liberalität und Weltoffenheit sei. Ihnen widersprach Alfred Lorenzer, ein (atheistischer) Psychoanalytiker aus dem Umfeld der Frankfurter Schule. Er empfand die Liturgiereform des Zweiten Vatikanums als Kulturverfall. Immerhin ging es hier um Rituale, die im Lauf der Kirchengeschichte viele Jahresringe angesetzt hatten. Jetzt fielen diese uralten, knorrigen Bäume einem Kahlschlag zum Opfer. Historisch gewachsene Riten wurden durch eine Feier ersetzt, die eine Kommission von katholischen Bürokraten konzipiert hatte. Die Folge war keine Liberalisierung, sondern eine stärkere Gängelung der Gläubigen. Die Kirche öffnete sich nicht zur Welt, sie lieferte sich nur ihren schnell wechselnden Moden aus.

Vor dem Zweiten Vatikanum, schreibt Lorenzer, sei das Geschehen am Altar eine «Einheit aus sakral verhülltem Text, Gesang, ritueller Gestik, Musik, Weihrauchdämpfen, festlichem Raum» gewesen. Es war «Theater» in jenem «vorzüglichen Sinne, der bis in die Antike zurückweist. Die Liturgiereform hat diese Einheit ins Herz getroffen ... An die Stelle der alten Kultur eines repräsentativen Symbolgefüges trat eine ad hoc erfundene Lehrveranstaltung.» Mit beachtlichem Talent zur Satire schildert der Psychoanalytiker, wie seit dem Konzil ein katholischer Gottesdienst aussieht:

Hinter dem leeren Altartisch steht der Priester, der sich in diesem Kontext mit seiner sakralen Kleidung absurd ausnimmt, da er ja nicht mehr in symbolischer Distanz als Stellvertreter der Gemeinde einen mystischen Dialog mit einem transzendenten Wesen aufnimmt ... Das Schaubild rückt das Geschehen den Arrangements von Fernsehköchen näher als den liturgischen Formen der reformierten Kirchen ... Man sieht, wie ein Mann, um-

ständlich, die sperrige Hostie bricht, wie er sie in den Mund
schiebt. Man wird Zeuge der nicht immer schönen privaten
Kaugewohnheiten, der Eigentümlichkeiten, das trockene Brot
herunterzuspülen, der Technik, den Kelch sauberzuschwenken
und der mehr oder weniger geschickten ... Art, ihn abzutrocknen.

Die Liturgiereform des Konzils, notiert Lorenzer bos-
haft, sei so kreativ gewesen, «wie wenn der Kulturausschuß einer Stadtverordnetenversammlung sich anma-
ßen würde, die Dramen fürs städtische Theater selbst
zu verfassen». Das klingt geistreich, aber ist es nicht ein
wenig arrogant? Gegen Lorenzers Kritik ließe sich einwenden, daß die Kirche keine andere Wahl hatte.
Schließlich waren die Gläubigen ihr in Scharen davon-
gelaufen, weil sie sich durch die lateinische Messe nicht
mehr angesprochen fühlten. Der alte Ritus hatte sich
als zu kompliziert erwiesen, und die schönen Meßge-
wänder aus dem Mittelalter wurden nur noch als Ko-
stüme empfunden. Der Psychoanalytiker antwortet
darauf, daß sich das Konzil angesichts der Krise «exakt
so verhielt wie eine beliebige – z. B. atheistische – Partei
angesichts der Gefahr ihrer Illegalisierung»: Sie verfügte eine «Absicherung der Parteiarbeit mittels der In-
tensivierung der Schulung der Parteiarbeiter». Diese
autoritäre Maßnahme löste das Problem indes nicht,
sie führte nur dazu, daß die Krise bis in die Gegenwart
andauert.

Was hätte die Kirche also anders machen sollen? Es
darauf ankommen lassen. All denen, die ihr den Rük-
ken kehren, ein herzliches «Adieu» nachrufen. Gewiß,
sie hätte dadurch an Popularität verloren, aber gleichzeitig an Substanz gewonnen – eine Religionsgemein-

[handwritten marginal notes]

schaft ist ja kein politischer Verein, der um Wählerstimmen werben muß. Die Kirche hätte, statt eine Bresche in sie zu schlagen, die Mauer um die Zehn Gebote ein Stück höher bauen sollen. Sie hätte im biblischen Sinn verstockt sein können, so wie der tapfere Dissident und ehrwürdige Rabbi Eleasar. Seinem Vorbild hätte es entsprochen, mit dürren Worten zu sagen: Wir gehen zurück in die Katakomben. Wer unter euch an Christus glaubt, folge uns nach.

Die Freiheit des Rituals

Rituale sind etwas Zivilisiertes. Sie zähmen den Drang der Eitlen, sich in den Mittelpunkt zu spielen; und so ermöglichen sie eine ungefährliche Art der Autorität. Sinnlich erfahrbar wird dies – trotz der Verwüstungen, die das Zweite Vatikanum hinterlassen hat – in jeder katholischen Messe. «Der Priester ist ... kein Showmaster, der sich jetzt etwas ausdenkt und sehr geschickt vermittelt», sagt Kardinal Ratzinger. «Er darf im Gegenteil als Showmaster völlig unbegabt sein, weil er etwas ganz anderes vertritt und es auf ihn gar nicht ankommt.»

Vielleicht noch wichtiger ist aber ein zweiter Gedanke: Es würde aus demselben Grund auch nichts ausmachen, wenn der Priester ein begnadeter Performancekünstler wäre. Anders als bei einem Rockkonzert kommen die Gläubigen ja nicht seinetwegen in die Kirche. Sie verlangen lediglich, daß er auf bewährte Weise den Wein und die Oblate in das Blut und das Fleisch des Herrn verwandle. Dazu bedarf es keiner Lichteffekte, Ansprachen oder Siegeschöre, es genügt

ein Klingeln und etwas Weihrauch. Somit besteht keine
Gefahr, daß der Gottesmann über sich hinauswächst
und zu einem charismatischen Guru wird. Dies mag
übrigens die Ursache sein, warum die Führerideologie
der Nazis in streng katholischen Gegenden weniger Anhänger fand als anderswo.

Zu den Meilensteinen der Kirchengeschichte gehört
der sogenannte Donatistenstreit. Dabei wurde die Frage verhandelt, ob ein Sünder die heiligen Sakramente
spenden darf. Die Antwort fiel uneingeschränkt positiv
aus. Die Gemeinde hat in jedem Fall das Recht, aus der
Hand des Priesters die Segensgaben zu empfangen –
auch dann, wenn seine Hand befleckt ist. Im selben
Moment, da er den Mund auftut, um die vorgeschriebene Segensformel zu sprechen, fährt die Gnade in
seine Glieder, und er ist rein vor Gott. Ob ihn Glau-
benszweifel plagen; ob er in seinem Privatleben ein
schlechter Mensch ist; ob er ein miserabler Theologie-
student war; ob er sich im Moment irgendwie unwohl
fühlt – all das ist vollkommen gleichgültig. Es macht die
Menschenfreundlichkeit dieser Doktrin aus, daß sie
von der Person absieht. Über dem guten Hirten
schwebt kein Heiligenschein, er ist nicht viel besser als
seine Schäflein. Oder genauer gesagt: Der Gnaden-
schimmer, der seine Gestalt umgibt, hat mit dem Priester selbst nichts zu tun. Er zeichnet gar nicht ihn aus,
sondern seine sakrale Funktion.

Ebenso verhält es sich mit der berüchtigten Unfehl-
barkeit des Papstes. Sie wird erst wirksam, wenn er *ex
cathedra* spricht; sie gilt nicht für Meinungen, die er als
Privatmann vertritt. (Da ist er so fehlbar wie Adam und
Eva.) *Ex cathedra* darf der Papst aber nur Gesetze erlassen, die mit der kirchlichen Tradition in Einklang ge-

bracht werden können. Er darf nicht selbstherrlich mit alten Überlieferungen aufräumen, sondern sie nur behutsam neu interpretieren. Ein Traditionsbruch wie die oben beschriebene Liturgiereform war nur möglich, weil sie – unter enormen dialektischen Verrenkungen – als Fortsetzung der Tradition mit anderen Mitteln ausgegeben wurde. So dürfte auch kein Rabbi ein religiöses Urteil fällen, wonach Schweinefleisch ab jetzt koscher sei. Die Unfehlbarkeitsdoktrin macht den Papst also gerade nicht zu einem Diktator; im Gegenteil, sie schränkt seine Machtbefugnisse entscheidend ein. Der Papst verschwindet hinter der Institution des Papsttums wie ein Kind, das die zu große Jacke seines Vaters angezogen hat.

Das Ritual zähmt das persönliche Charisma – dadurch wird es in eine zivilisierte (und zivilisierende) Kraft verwandelt, und so befreit das Ritual die Gläubigen. Jawohl, es befreit. Alfred Lorenzer demonstriert dies am Beispiel der Messe, wie sie vor dem Zweiten Vatikanischen Konzil gefeiert wurde. Kein katholischer Laie verstand damals so genau, was am Altar vor sich ging. Doch gerade deshalb geriet der Gottesdienst nicht zu einem intellektuellen Dressurakt. Die «Unverständlichkeit der einzelnen Elemente des geschichtlich angehäuften Rituals» garantierte, daß der Kirchenbesucher es als Gesamtkunstwerk auffassen konnte – als *sakralen Tanz*, «von dem kaum einer die Herkunft der einzelnen Tanzschritte weiß oder wissen will». Der Gläubige selbst konnte sich im Grunde bewegen, wie es ihm gefiel. Gewiß, er hatte ein paar rituelle «Zugehörigkeitsgesten» zu absolvieren (Kniebeugen, Bekreuzigungen etc.), aber das war es auch schon. Der einzelne konnte «fromm versunken eine innige Beziehung zum

Mysterium herstellen» oder «lässig im Kirchensessel sitzen», oder «sich in einen Winkel beim Ausgang lehnen». Er konnte «der Messe einen kurzen Pflichtbesuch abstatten», erst nach der Predigt kommen oder kurz vor Schluß gehen. All diese Freiheiten schafft ab, wer das Ritual durch eine Schulstunde ersetzt.

Jüdischen Lesern wird es nicht schwerfallen, Lorenzers Beobachtungen durch eigene Notizen zu ergänzen. In orthodoxen Synagogen funktionieren die kollektiven Gebete etwa so wie ein Jazzkonzert: Es gibt Stellen, wo sich alle begegnen, dazwischen liegen Solostrecken, wo jeder für sich selbst improvisiert. Der Gottesdienst dauert sehr lang. (Eine gewöhnliche Thoralesung am Sabbat nimmt mit allem Drum und Dran etwa vier Stunden in Anspruch.) Wer bei dieser religiösen *tour de force* vorzeitig mit einem bestimmten Pensum fertig wird, kann den Zeigefinger als Lesezeichen in sein Gebetbuch legen, sich über die Bankreihen beugen und mit seinem Vordermann einen Schwatz beginnen. Die Kinder laufen währenddessen frei durch die Bankreihen. Hat ihr Lärm einen bestimmten Pegel erreicht, werden sie vor die Tür gescheucht, wo sie dann genauso laut weiterspielen. Je frommer die Gemeinde, desto weniger benötigt sie einen fest angestellten Rabbi oder Kantor: Jedes volljährige männliche Gemeindemitglied wäre imstande, den Gottesdienst zu führen. In den Synagogen der sefardischen (orientalischen und spanischen) Juden sind die Bänke im Geviert um das Thoralesepult angeordnet. Die männlichen Beter blicken also nicht alle in dieselbe Richtung, sondern sehen einander als Gleiche an. Die Frauen sitzen von den Männern getrennt, häufig auf einer Empore. Das sichert ihnen beim Flirten überlegene Positionen. Beiden Flirtparteien kommt zugute, daß Augenkontakt leichter fällt, wenn einem der andere körperlich nicht zu nah ist.

Im neunzehnten Jahrhundert wurde in Deutschland – als Alternative zur Orthodoxie – die Reformbewegung gegründet. Ihre Anhänger versuchten, den jüdischen Ritus zeitgemäßer, unanstößiger, schlanker zu machen. Zunächst strichen sie etwa die Hälfte des Gebetbuches weg (vor allem jene Passagen, in denen Gott um die Rückkehr nach Zion und den baldigen Wiederaufbau des Tempels angefleht wird). Ferner änderten sie die Gottesdienstordnung in einigen wichtigen Punkten. Männer und Frauen durften nunmehr zusammensitzen; die Männer brauchten keine Kopfbedeckungen mehr zu tragen. Die Synagogen wurden mit Kirchenorgeln ausgerüstet. Die verbliebenen Gebete wurden in die Landessprache übersetzt. Das deutsche Judentum hörte sozusagen auf, im altmodischen Sinn «katholisch» zu sein – es wurde «protestantisch». Das Resultat: Der Gottesdienst dauerte nicht mehr so lang, die Zügel wurden straffer angezogen, das Geschehen konzentrierte sich nach vorn auf den Rabbi oder Kantor. Das anarchische orthodoxe Durcheinanderbeten hörte auf, an seine Stelle trat eine Art religiöser Frontalunterricht.

Gewiß ist diese Beschreibung unfair gegenüber den meisten heutigen Reformsynagogen in den Vereinigten Staaten. Wenn die Atmosphäre dort nicht mehr ganz so steif ist, dann aber vor allem deshalb, weil die amerikanischen Juden das Ritual ein Stück weit restauriert haben. Zum Teil wurden die zensierten Gebete wieder in die Bücher aufgenommen – außerdem redet man mit Gott nun wieder öfter in seiner eigenen, der hebräischen Sprache.

Der parlamentarische Ritus

Sind Rituale nur in Kirchen und Synagogen am Platz? Oder haben sie auch außerhalb der Religion einen praktischen Nutzen? Viele Leute halten Konventionen für einen schönen Schein, der alle Bedeutung verliert, sobald über weltliche Dinge verhandelt wird. Dort, wo handfeste Interessen aufeinanderprallen – in der Politik etwa –, seien formale Regeln nichts als Betrug und Selbstbetrug. Aber wer so denkt, befindet sich auf einem gefährlichen Holzweg. Die parlamentarische Demokratie ist der ständige Bürgerkrieg, der nie geführt wird; und das heißt, daß erst das zähmende Ritual sie möglich macht.

Am schönsten läßt sich dies in ihrem Mutterland studieren – zumal in England noch deutlich sichtbar ist, wo der demokratische Ritus herkommt: aus der judäochristlichen Tradition. Der Romancier Karl Philipp Moritz schrieb im Jahre 1782, das Unterhaus sei in einem Gebäude untergebracht, «das einer Kapelle sehr ähnlich sieht». Und der Stuhl, auf dem der Vertreter des Königs im House of Commons sitze, habe «mit einer Kanzel viel Ähnlichkeit». Vor dem Stuhl des Sprechers befinde sich ein Tisch, der an einen Altar erinnere. Außerdem seien die grünen Bänke «für die Parlamentsglieder» übereinander gestaffelt «wie unsre Chöre in den Kirchen». Das Parlament – ein Gotteshaus.

Dem deutschen Gast fiel auf, daß die Volksvertreter einander nie direkt ansprachen, sondern ihre Bemerkungen immer an den Sprecher richteten: Deshalb «fangen sie … immer mit *Sir* an, auf welche Anrede der Sprecher seinen Hut ein klein wenig abnimmt, ihn aber sogleich wieder aufsetzt». Ferner verlangte die Etikette,

daß die Parlamentarier einander als *right honourable
gentlemen* bezeichneten. So konnten sie sich gegenseitig
Grobheiten an den Kopf werfen, ohne daß jemand verletzt wurde. Karl Philipp Moritz schreibt: «Sehr auffallend waren mir die offenbaren Beleidigungen ..., indem
der eine z. B. aufhörte zu reden, und der andere unmit-
telbar darauf anfing: ‹it is quite absurd› usw.» In diesem Geiste titulierte Margaret Thatcher – die Unverges-
sene – den Oppositionsführer Neil Kinnock mit Gusto
als «mein ehrenwerter Freund von der sozialistischen
Partei», womit es ihr regelmäßig gelang, die Raumtem-
peratur auf den Gefrierpunkt zu senken.

Der parlamentarische Ritus macht alle gleich. Er gestattet keinem Teilnehmer der Debatte, sich über die
anderen zu erheben. Zugleich eröffnet er vielfältige
Möglichkeiten, sich ungehobelt zu benehmen. Solange
eine gewisse Form gewahrt wird, kann nichts der
Würde des Parlaments etwas anhaben. Karl Philipp
Moritz staunte:

Die Parlamentsglieder im Unterhause haben nichts Unterschei-
dendes in ihrer Kleidung; sie kommen im Überrock und mit
Stiefeln und Sporen herein. Es ist nichts Ungewöhnliches, ein
Parlamentsglied auf einer von den Bänken ausgestreckt liegen zu
sehen, indes die anderen debattieren. Einige knacken Nüsse, andere essen Apfelsinen oder was sonst die Jahreszeit mit sich
bringt. Das Ein- und Ausgehen dauert fast beständig ...

Der Schriftsteller des achtzehnten Jahrhunderts rea-
gierte auf die parlamentarische Demokratie mit augen-
reibender Verwunderung und lächelndem Enthusias-
mus. Offenbar gefiel ihm an ihr gerade das Äußerliche,
die Rhetorik, der formale Zirkus. Just dieser Aspekt

wurde dem parlamentarischen System aber immer wieder zum Vorwurf gemacht. Rechte und linke Faschisten sind niemals müde geworden, mit Hohn und Haß über den liberalen Staat herzufallen – im Namen einer wahren, einer echten und unentfremdeten Volksherrschaft, die angeblich auf verfälschende Rituale verzichten kann.

Das Argumentationsmuster dafür lieferte der furchtbare Jurist Carl Schmitt in der Zeit der Weimarer Republik. Der Parlamentarismus, schrieb er damals, habe «die argumentierende öffentliche Diskussion zu einer leeren Formalität gemacht». Wenn das Volk selbst herrschen wolle, müsse es aus der «Sphäre des Privaten und Unverantwortlichen» heraustreten, sich zu einem einheitlichen Block zusammenschließen und per Zuruf («durch *acclamatio*») einen Führer bestimmen. Schmitt führte aus: «Volk ist ein Begriff des *öffentlichen* Rechts. Volk existiert nur in der Sphäre der *Publizität* ... Je stärker die Kraft des demokratischen Gefühls, um so sicherer die Erkenntnis, daß Demokratie etwas anderes ist als ein Registriersystem geheimer Abstimmungen.» Der Jurist fuhr fort, im Vergleich mit einer im vitalen Sinn *unmittelbaren* Demokratie» erscheine das «aus liberalen Gedankengängen entstandene Parlament» wie eine «künstliche Maschinerie». Hingegen könnten «diktatorische und zäsaristische Methoden» durchaus «Äußerungen demokratischer Substanz» sein.

Carl Schmitt war ein gläubiger Katholik. An dieser Stelle aber argumentiert er wie ein Steinzeit-Lutheraner: Gerechtigkeit kommt allein aus der richtigen Gesinnung! Äußerliche Werke (Abstimmungen, Kompromisse etc.) sind nichts wert! Nur die unmittelbare

Beziehung, nur das Gemeinschaftserlebnis zählt. So sah es dann später auch Simone de Beauvoir. Zur Zeit des Mao-Regimes unternahm sie eine revolutionäre Wallfahrt ins Reich der Mitte; anschließend verfaßte sie einen Reisebericht, in dem sie eine offizielle Parade in Peking schildert. Sie beschreibt, wie Demonstranten zur Regierungstribüne strömen, springen und stampfen, Blumensträuße schwenken und aus vollem Hals lachen. Beauvoir wendet sich zu ihrem Begleiter und fragt: «Ist es denkbar, daß dies nicht freiwillig ist?» Postwendend gibt sie sich selbst die Antwort: «Nein, das ist undenkbar.» Und nun kennt sie keine Zurückhaltung mehr – Simone de Beauvoir ist ganz einfach «tief beeindruckt vom so überaus persönlichen, unmittelbaren Charakter dieser Beziehung zu Mao Tsetung». Sie meint: «Da ist nichts von dem, was man ‹Kollektivhysterie› oder ‹Führermystik› nennt ..., weder Servilität noch Behextsein, sondern ganz deutlich Zuneigung. Einen Augenblick lang begegnet dieser Handwerker Mao vertraulich wie unter vier Augen ... und sagt ihm Dank von Mensch zu Mensch.»

Kein Ritual. Alles ganz spontan. Der rechtsradikale Carl Schmitt hätte der linken Feministin mit leuchtenden Augen zugestimmt. Immerhin zeigt ihre Schilderung, wohin der Kult der Unmittelbarkeit führen kann: in die niedrigste Form des Götzendienstes. Sie ist erreicht, wenn Intellektuelle vor massenmörderischen Diktatoren auf dem Bauch kriechen, statt ihnen zu widerstehen wie Rabbi Eleasar.

Gewiß: Im Parlament wird kein Hochamt gefeiert. Der parlamentarische Ritus erfüllt – im Unterschied zu einem katholischen Gottesdienst – keine ästhetischen Ansprüche; er wirkt oft schwerfällig und verworren.

Demokratie ist ein glanzloses Geschäft, das sich in Abstimmungen, Verhandlungen, langweiligen Bürointri-
gen und der mühseligen Suche nach Kompromissen
erschöpft. Manchmal können Außenstehende dabei
kaum noch nachvollziehen, worum es im einzelnen
geht. Indes wäre es eine fatale Häresie zu glauben, die
Stimme des Volkes könne auf diese komplizierten Um-
wege verzichten und ohne Dolmetscher sprechen. Nein,
es geht nicht einfacher. Eine Abkürzung gibt es nicht:
Nur durch das Labyrinth der Interpretationen gelangt
Gottes Wort zu uns.

Esra

עֶזְרָא

Das Gesetz (Ausschnitt der Mosesstatue des Michelangelo)

> Das Gesetz ist ja heilig, und das
> Gebot ist heilig, recht und gut.
>
> *Apostel Paulus*

Babel war Prunk und Herrlichkeit gewesen, eitel Gold und Akazienholz und Marmor. Jerusalem aber, die Hochgebaute, lag in Trümmern. Ein Steinhaufen war sie und eine Wohnung der Schakale, und war ein Feuer unter ihren Toren angezündet worden, das niemand gelöscht hatte. Jedoch im siebten Jahr der Regierung des persischen Königs Arthahsastha zog Esra, der Schriftgelehrte, hinauf nach Zion; und mit ihm zogen viele der Kinder Israels und der Priester und der Leviten, der Sänger, Torhüter und Tempelknechte. Denn Esra hatte sein Herz gerichtet, das Gesetz des Herrn zu suchen und zu tun, und zu lehren in Israel Satzung und Recht. Aber Esra verzagte nicht, als er Jerusalem so verwüstet auf den Hügeln liegen sah; denn die gütige Hand Gottes lag über ihm. Und er trug bei sich einen Brief, den der Herrscher des Perserreiches ihm mit auf den Weg gegeben hatte und dessen Abschrift ist:

Arthahsastha, König aller Könige, Esra, dem Priester und Schriftgelehrten im Gesetz des Gottes des Himmels, ausgefertigt und so fort. Von mir ist Befehl ergangen, daß jeder des Volkes Israel, der da willig ist in meinem Reiche, mit dir gen Jerusalem gehen soll; du aber, Esra, setze ein Richter und Rechtsbeamte, die das ganze Volk richten, das jenseits des Stromes ist, alle, die das Gesetz deines Gottes wissen; und welche es nicht wissen, die lehret es. Wer aber nicht das Gesetz deines Gottes und das Gesetz des Königs tun wird, der soll sein Urteil um der Tat willen haben, es sei zum Tod oder in die Acht oder zur Buße an der Habe oder ins Gefängnis.

Und das Volk Juda ging daran, den Tempel des Herrn wiederaufzubauen, und zogen gemeinsam eine Mauer um die Feste Zion. Das Volk des Landes aber machte schlaff ihre Hände und schreckte sie ab vom Bau und höhnte: Was machen die verkümmerten Juden? Wird man sie so lassen? Werden sie opfern? Werden sie es diesen Tag vollenden? Werden sie die Steine lebendig machen, die Schutthaufen und verbrannt sind? Und wieder andere sprachen: Laß sie nur bauen, wenn ein Schakal hinaufläuft, so reißt er wohl ihre steinerne Mauer wieder ein. Als aber das Werk weiter wuchs und gedieh, verschworen die Feinde sich, zuhauf zu kommen, und zu streiten wider die Stadt Gottes, und ihr Schaden zu tun. Darum bauten die Bauleute an der Mauer so: Mit einer Hand arbeiteten sie am Werk, und die andere hielt die Waffe, und die Alarmbläser mit der Posaune standen immer daneben.

Da nun herzukam der siebente Monat, und die Kinder Israel in ihren Städten waren, versammelte sich das ganze Volk wie ein Mann auf die breite Gasse vor dem Wassertor und sprachen zu Esra, dem Schriftgelehrten, daß er das Buch des Gesetzes Mosis holte. Und Esra brachte das Gesetz vor die Gemeinde, Männer und Weiber und alle, die es vernehmen konnten. Und er stand auf einer hölzernen Bühne mit den Leviten und

öffnete das Buch vor den Augen des ganzen Volkes;
und sowie er es öffnete, stand alles Volk auf. Und Esra
pries den Herrn, den großen Gott, und es rief alles
Volk: Amen! Amen! mit Aufheben ihrer Hände. Und er
las aus dem Buch auf der breiten Gasse, die vor dem
Wassertor ist, vom lichten Morgen an bis auf den Mittag, und die Ohren des ganzen Volkes waren auf das
Gesetz gerichtet. Und die Leviten erläuterten das Gesetz dem Volk, und das Volk blieb auf seiner Stelle. Und
sie lasen in dem Buch, deutlich mit Angabe des Sinnes,
so daß sie alles Gelesene verstanden.

Nicht aber hatten sich abgesondert die Juden von
den Völkern der Länder, nämlich den Kanaanitern,
Hethitern, Pheresitern, Jebusitern, Ammonitern, Moa-
bitern, Ägyptern und Amoritern, ungeachtet ihrer
Greuel; sondern sie hatten sich und ihre Söhne mit den
Töchtern der Heiden vermählt. Und die Hand der Oberen und Fürsten war bei dieser Missetat die erste. Da
versammelten sich alle Männer Judas und Benjamins
gen Jerusalem am zwanzigsten Tage des neunten Mo-
nats. Und alles Volk saß auf der Straße vor dem Tempel
und zitterte wegen der Angelegenheit und vom Regen.
Da stand auf Esra, der Priester, und sprach zu ihnen:
Ihr habt untreu gehandelt, daß ihr fremde Weiber genommen habt, um die Schuld Israels in den Himmel
steigen zu lassen. So bekennt nun den Herrn, eurer Väter Gott, und tut sein Wohlgefallen und scheidet euch
von den Völkern des Landes und von den fremden Weibern. Und die ganze Versammlung antwortete und
sprach mit lauter Stimme: So laßt uns einen Bund machen mit unserm Gott, und alle Weiber hinaustun und
die von ihnen geboren sind, daß man tue nach dem Gesetz.

Jerusalem

Hier wird ein bestimmtes historisches Ereignis geschildert: die Rückkehr der Juden aus dem babylonisch-persischen Exil. Gleichzeitig tritt uns in diesen Zeilen aber ein Typus entgegen, der wie mit Siebenmeilenstiefeln die Weltgeschichte durchschreitet – der Typus des Gesetzeshüters. Dieser ist mit Autorität ausgerüstet (sie kann ihm, wie im Fall Esras, von einem König verliehen worden sein, aber manchmal ist er auch selbst ein König), und er setzt seine Macht dafür ein, die Zivilisation zu retten. Notfalls mit Gewalt. Indes wäre der Gesetzeshüter nichts ohne seine Gehilfen, die man sich am besten als Maurer vorstellt. Die Bibel zeigt sie uns als verhöhnte, ohnmächtige Juden, die in der einen Hand die Kelle halten und mit der anderen das Schwert umklammern. Das sind zwei sehr unterschiedliche Waffen; und beide dienen den Heimkehrern dazu, ihr Heiligtum zu verteidigen.

In unterschiedlichen Verkleidungen hat der Hüter des Gesetzes immer wieder seine ihm zugewiesene Rolle gespielt. Dabei steht im göttlichen Skript, daß sich unter seinen Heldentaten immer auch eine Handlung befinden muß, die ihm die Nachwelt nicht verzeiht. Esras harte Entscheidung, daß die Söhne Israels sich von ihren nichtjüdischen Frauen und deren Kindern trennen müssen, fordert bis heute Kritik heraus. Welches Exempel sollte hier statuiert werden? Ging es etwa um die überlegene Abstammung, um eine hebräische Version der «Reinheit des Blutes»? War Esra der Erfinder der Apartheid? Das erscheint kaum glaubhaft. Schließlich findet sich in der Bibel, die dieser Schriftgelehrte wohl auswendig kannte, die älteste Verwerfung

des Rassedünkels: «Seid ihr Kinder Israel mir nicht
gleich wie die Mohrenkinder? spricht der Herr. Habe
ich nicht Israel aus Ägypten geführt und die Philister
aus Kaphthor und die Syrer aus Kir?» Wenn das aber
so ist: Warum wird dann von den Juden verlangt, einen
scharfen Schnitt zwischen sich und den heidnischen
Völkern zu machen?

Die Antwort hat nichts mit Rasse zu tun, aber alles
mit Religion. Zu bedenken ist dabei, daß Volkszugehörigkeit sich zur Zeit Esras nach dem Boden definierte.
Zu einem Stamm gehören hieß: in seinem Territorium
verwurzelt sein. Esra aber kehrte an der Spitze einer
Gruppe entwurzelter Israeliten aus Babylon zurück.
Auf der Baustelle, die Jerusalem hieß, trafen er und die
anderen Exilanten mit einer ansässigen jüdischen Bevölkerung zusammen, die von der Deportation verschont geblieben war. Vom Gesetz wußten diese zu-
rückgebliebenen Juden nichts mehr, es gab kaum noch
einen Unterschied zwischen ihnen und den Gestirnsan-
betern der Umgebung. Viele hatten fremde Frauen ge-
heiratet und nichts dagegen einzuwenden gehabt, daß
ihre Kinder zu Sternenanbetern erzogen wurden. Die
örtlichen Duodezfürsten waren hierbei, wie die Bibel
verrät, mit schlechtem Beispiel vorangegangen. Ein
paar Jahrzehnte weiter, und das Judentum wäre nur
noch eine sentimentale Erinnerung gewesen. Es hätte
eine verzweifelte Lage sein können, aber Esra trug Brief
und Siegel des Perserkönigs Arthahsastha in der Tasche. Er hatte die imperiale Macht im Rücken. So
schickte er sich an, ein revolutionär neues Konzept von
Volkszugehörigkeit durchzusetzen – eine Definition,
die gänzlich vom Territorium abstrahierte.

Sein Kriterium konnte dabei nur die Abstammung

von Abraham sein. Sie war das politische Pendant zur schützenden Mauer, die um das Heiligtum gezogen wurde. Ohne Esras Machtwort wäre es unmöglich gewesen, vom Gesetz zu retten, was da noch zu retten war.

Esras Definition machte das Judentum sozusagen bodenlos. In der Folge eröffnete dies eine Perspektive, die mit Abstammung rein gar nichts mehr zu tun hatte – die der Konversion. Wenn jemand, dessen Wurzeln nicht im sandigen Boden des Landes Israel steckten, Jude sein konnte, dann auch ein Heide, der sich zum geistigen Erbe Abrahams bekannte. So mancher Philister, Grieche und Römer ist im Lauf der Geschichte zum bedeutenden Talmudgelehrten oder Gemeindevorsteher geworden.

Bis heute gilt als Jude, wer entweder von einer jüdischen Mutter geboren wurde oder zum Judentum übergetreten ist. Eine «reine jüdische Rasse» konnte nach dieser Maßregel freilich nicht entstehen. Wer je an der Mittelmeer-Promenade von Tel Aviv spazierengegangen ist, verliert angesichts tiefschwarzer äthiopischer Soldaten, dunkelbrauner jemenitischer Strandschönheiten, strohblonder Kibbuzniks und frommer Karottenköpfe mit Käppchen jede Illusion, daß die jüdischen Bewohner des Landes Israel so etwas wie eine ethnisch homogene Gruppe bilden. Die Juden sind ein Vielvölkervolk geblieben.

Seit Esra ist Jude, wer von einer jüdischen Mutter stammt oder einem Judentum übergetreten ist.

Jawne

Jawne ist heute eine verschlafene, etwas gesichtslose israelische Kleinstadt, die auf halbem Weg zwischen Ra-
mat Gan und Aschkelon liegt. Weder die Mietshäuser
mit ihren schicken Blumenrabatten noch die verstaub-
ten Palmen am Straßenrand deuten darauf hin, daß sich
hier je Außergewöhnliches ereignet haben könnte. Und
doch gab es eine Zeit, als Jawne für die jüdische Geschichte wichtiger war als Bethlehem, Tiberias oder
Hebron, wichtiger sogar als Jerusalem selbst. Dies ist
einem einzelnen Mann zu verdanken: Jochanaan ben
Sakkai.

Rabbi Jochanaan wurde um das Jahr 1 der christlichen Zeitrechnung geboren und starb ungefähr im
Jahre 80. Er gehörte, wie Rabbi Paulus, zu den Anhängern des pharisäischen Patriarchen Gamaliel I. (und es
ist ein faszinierender Gedanke, daß die beiden sich begegnet sein könnten). Jochanaan war ein frommer, be-
scheidener Mann. Es heißt von ihm, daß er keine vier
Ellen ging, ohne über die heiligen Schriften zu sprechen; daß er fast immer seine Gebetsriemen trug; daß
er selbst seinen Schülern die Tür öffnete. Er hatte bei
Rabbi Hillel studiert, der die Goldene Regel der Moral
formulierte: Als ein heidnischer Grieche den Gelehrten
aufforderte, ihm auf einem Bein stehend das Wesen der
Thora zu erläutern, soll Hillel gesagt haben: *Was du
nicht willst, daß man dir tun soll, das füge keinem anderen Menschen zu. Das ist die ganze Thora, der Rest
ist Kommentar. Geh nach Haus und lerne.* Im Geiste
Hillels brachte Jochanaan seinen Schülern bei, daß man
Gott nicht mit Furcht, sondern aus Liebe verehren soll.

Ungefähr die Hälfte seiner Lebenszeit verbrachte er

als Händler in Galiläa. Danach lebte der Rabbi in Jerusalem, wo er sich im Kampf mit der Tempelaristokratie aufrieb. Unterdessen starb ihm ein Sohn, er gewann keinen nennenswerten Ruhm, und er wurde alt – Jochanaan mußte siebzig Jahre lang auf seine große Stunde warten.

Diese Stunde kam, als der antike jüdische Staat am Aufstand gegen das römische Imperium zerbrach. Der Zündstoff des Aufstandes war ein tragischer Konflikt: Für die Römer war Judäa eine tributpflichtige Provinz wie jede andere, und sie bestanden auf pünktlicher Zahlung aller Steuern. Für die Juden aber war es kaum zu ertragen, daß ihr heiliges Land von Heiden regiert wurde. Freilich bildeten die Kinder Israel schon damals keine geschlossene Einheit. Gerade zu jener Zeit zerfielen sie in eine Vielzahl von Gruppen und Grüppchen, die einander häufig erbittert befehdeten. Die unversöhnlichste Partei waren die Zeloten: Getrieben vom messianischen Wahn, entfachten diese nationalistischen Guerillakämpfer einen heiligen Krieg gegen die Besatzungsmacht. Lieber noch als römische Soldaten brachten sie dabei Juden um, die sie für Verräter hielten.

Die pharisäische Partei war in diesem Bürgerkrieg gespalten. Manche Rabbiner unterstützten die antirömische Revolte, andere lehnten sie aus pragmatischen Gründen ab. Jochanaan ben Sakkai gehörte zur gemäßigten Fraktion. Nachdem Juden in der Stadt Jania einen heidnischen Altar niedergerissen hatten, ordnete er an: «Zerstört ihre Altäre nicht, damit ihr sie nicht mit euren eigenen Händen wieder aufbauen müßt.» Der Rabbi ahnte, wie hoffnungslos und im Grunde lächerlich der Versuch war, die römische Weltmacht herauszufordern. Diese Skepsis erwies sich als berechtigt. Im Jahre 70 war die Revolte beinah im ganzen Land nie-dergeschlagen. Die römischen Legionen zogen einen dichten Belagerungsring um die Hauptstadt. Drinnen herrschte das Schreckensregiment der Zeloten, zu de-nen auch ein Cousin von Jochanaan ben Sakkai ge-hörte. Die Terroristen machten die Bevölkerung zu Geiseln ihres nationalistischen Fiebertraumes: Sie wei-gerten sich strikt, mit dem Feind zu verhandeln und ihm die Kapitulation anzubieten. Wer auch nur im Ver-dacht stand, daß er aus Jerusalem zu fliehen versuche, wurde auf der Stelle umgebracht.

Der große Rabbiner aber fand einen Ausweg. Er legte sich in einen Sarg. Er deckte sich mit alten Lumpen zu, die nach verdorbenem Fleisch stanken. Er ließ sich von zwei seiner treuen Schüler – der Legende nach sollen es Rabbi Elieser und Rabbi Josua gewesen sein – unter den Nasen der wachhabenden Zeloten durchs Stadttor schmuggeln. Die beiden schleppten ihren Meister quer durch die römischen Postenketten und geradewegs ins Zelt des Generals, eines bulligen, glatzköpfigen Men-schen namens Vespasian.

Dessen Spione hatten ihn bereits auf den Besuch vor-bereitet; der Sarg wurde geöffnet, und Rabbi Jocha-naan kletterte heraus. Vespasian fragte Jochanaan, was er für ihn tun könne. Der Rabbi antwortete: Ich will nichts von dir außer Jawne. Erlaube mir, dort ein Ge-betshaus zu errichten, damit ich mit meinen Schülern lernen und das Gesetz erfüllen kann. – Geh, sagte Ves-pasian. – Gestatte, daß ich meiner Rede noch etwas an-füge. – Sprich. – Du wirst bald König werden. Und tat-sächlich trafen drei Tage später Boten aus Rom ein, die meldeten, daß Vespasian der neue Caesar sei. Jocha-

naan und seine Schüler aber gründeten in Jawne eine
sogenannte Jeschiwa, wo sie die Thora studierten und
kommentierten. Der einen Überlieferung nach befand
sich diese jüdische Akademie neben einem Tauben-
schlag, der anderen Überlieferung nach soll sie im zweiten Stockwerk eines Wohnhauses untergebracht gewesen sein.

Unterdessen überrannten Vespasians Truppen Jerusalem und brannten den Tempel nieder. Dies geschah
nicht aus blindwütigem Haß; im Unterschied zu den
Griechen waren die Römer (jedenfalls damals) keine
Antisemiten. Sie wollten die jüdische Religion nicht er-
morden, sondern so weit verkrüppeln, daß sie dem Imperium nicht mehr gefährlich werden konnte. Viele Juden aber glaubten, das Weltenende sei gekommen. Wie
konnte die Geschichte noch weitergehen, jetzt, da das
Allerheiligste in Trümmern lag? Doch auch jene, die
nicht so verzweifelt waren, sahen keine Zukunft mehr
für das Judentum. Jochanaan lachte nicht über diesen
Kummer. Planvoll stattete er seine Jeschiwa mit Autorität aus. Zu diesem Zweck maßte er sich rituelle Privilegien der Priester an: Im Provinzdorf Jawne wurde nun
nach Sonne und Mond der Kalender errechnet, in Jawne
blies man am Hohen Feiertag das gekrümmte Widder-
horn. Jochanaan und seine Schüler sprachen Recht, als
seien sie Mitglieder des Sanhedrin in Jerusalem. Die
Synagoge – das Lehrhaus – ersetzte den Tempel mit seinem Opferkult. Es gibt eine berühmte Anekdote:

Als Rabban Jochanaan ben Sakkai einmal aus Jerusalem heraus-
kam, folgte ihm Rabbi Josua und sah den Tempel in Trümmern
liegen. «Weh über uns», klagte Rabbi Josua, «daß dieser Ort
zerstört ist – der Ort, an dem die Verfehlungen Israels gesühnt

wurden.» Rabban Jochanaan erwiderte: «Mein Sohn, sei nicht traurig. Wir haben eine andere Sühne, die ebenso wirksam ist. Und was ist diese? Es sind Taten der Nächstenliebe, wie geschrieben steht: *Liebe will ich und nicht Opfer* (Hosea 6, 6).»

Es wird Zeit für eine peinliche Frage: War Jochanaan ben Sakkai ein Kollaborateur? (Wir erinnern uns, unter den Taten des Gesetzeshüters ist immer auch eine, die ihm die Nachwelt nicht verzeiht.) Die Antwort lautet: Aber gewiß doch. Die Römer suchten damals einen jüdischen Bündnispartner, mit dessen Hilfe sie Ruhe und Ordnung im Land wiederherstellen konnten. Andererseits lag es in Rabbi Jochanaans Interesse, sich mit der Besatzungsmacht zu arrangieren, wenn dadurch das Judentum noch eine Chance erhielt; es war also ein Geschäft auf Gegenseitigkeit.

Aus dem belagerten Jerusalem führten im Jahre 70 zwei Fluchtwege. Den einen schlugen die Zeloten ein: Sie wagten den Ausfall, verbrannten unterwegs jüdische Dörfer, in denen sie Verräter vermuteten, und verschanzten sich endlich auf der Bergfestung Masadah. Dort begingen sie kollektiv Selbstmord. Der andere Ausweg war jener, den Rabbi Jochanaan und seine Schüler beschritten. Sie entschieden sich für das Leben – gemäß der göttlichen Weisung: «Ich habe euch Leben und Tod, Segen und Fluch vorgelegt, auf daß du das Leben wählest und du und dein Same leben mögt.» Jochanaan ben Sakkai hatte verstanden, daß die Juden den Tempel nicht mehr für ihre nationale Existenz brauchten, weil sie an seiner Stelle ja längst ein tragbares Heiligtum besaßen: das Wort Gottes, die Thora. Im Gegensatz zum Tieropfer konnte dieser Buchstabenschatz freilich durch nichts anderes mehr ersetzt werden. Deshalb forderten die Rabbiner: «Seid bedächtig beim Rechtsprechen, nehmt viele Schüler an *und macht einen Zaun um das Gesetz.*»

Exkurs: Gesetz und Kreuz

Christliche Antisemiten behaupten gern, das Judentum sei eine Gesetzesreligion; sie meinen damit ungefähr, daß die Juden einem kleinlich-tyrannischen Gott unterworfen seien, der von ihnen auf Schritt und Tritt absoluten Gehorsam fordere. «Gesetz» bedeutet denen, die so reden, ein unbarmherzig engmaschiges Regelgeflecht. Dieses schiefe Bild könnte hier leicht zurechtgerückt werden, indes kommt es darauf gar nicht an. Die Pointe ist nämlich, daß auch das Christentum – und zwar im besten Sinn – als Gesetzesreligion bezeichnet werden muß.

Der jüdische Philosoph Philo erklärte seinen Mitbürgern im antiken Alexandrien, die Thora sei sozusagen die Verfassung der hebräischen *polis*. Er schrieb: «Um es kurz zu fassen, sind die beiden obersten Hauptstücke all der zahllosen Lehren im Verhältnis zu Gott die Frömmigkeit und die Heiligkeit und im Verhältnis zu den Menschen die Menschenliebe und die Gerechtigkeit.» Das kanonische Recht ist dazu die präzise Entsprechung – es stellt gleichsam das Grundgesetz des christlichen Gemeinwesens dar. Und wie jedes gute Rechtssystem verfügt auch dieses über eine Ausnahmeregelung. Es ist nicht starr, sondern flexibel: Der Papst kann das Gesetz als konstitutioneller Monarch des Kirchenstaates zeitweilig aufheben.

Aber nicht nur eine politische Verfassung existiert im

katholischen Christentum – darüber hinaus gibt es auch noch eine Serie von Ritualgesetzen. Zu ihnen gehört das erwähnte Verbot, am Freitag Fleisch zu genießen. Ferner wären die Nüchternheitsregeln zu nennen (betrüblicherweise wurden sie inzwischen abgeschafft): Ab Mitternacht vor der Kommunion war es verboten, etwas zu essen, eine Stunde vorher durfte man nichts mehr trinken. Dieses Gesetz führte zu Debatten, die es an Kompliziertheit mit talmudischen Diskussionen aufnehmen können. Es wurde die Frage verhandelt, wann das Nüchternheitsgebot als gebrochen zu gelten hatte – zum Beispiel: Durfte der Gläubige auf dem Weg zur Messe Schneeflocken einatmen? (Die Antwort: Ja, wenn es ohne die Absicht der Nahrungsaufnahme geschah.)

Der Rahmen für solche Ritualgesetze ist das Kirchenjahr, das bis in alle Ewigkeit die christliche Heilsgeschichte nachbildet. Die Stationen heißen: Advent (messianische Zeit) – Weihnachten und Epiphanias (Ankunft Christi) – Passionszeit – Karwoche (Kreuzigung) – österliche Freudenzeit (Auferstehung) – Pfingsten (Gründung der Kirche) – Trinitatis (Fest der dreifaltigen Gottheit) – danach kommt die festlose Zeit, die in den Ewigkeitssonntag mündet (Ausblick auf die Wiederkehr Christi).

Oft hört man, diese Feierlichkeiten seien heidnischen Ursprungs. Aber das ist Unfug: Alle wichtigen Fixpunkte im kirchlichen Kalender haben jeweils ein jüdisches Pendant. Was hier das Weihnachtsfest, ist dort Jom Kippur, der Versöhnungstag, an dem Gott seinem Volk verzeiht. (Und so, wie man zu Weihnachten Hinz und Kunz in den Kirchen trifft, gehen am Jom Kippur auch weltliche Juden ins Bethaus.) Ostern war früher das Passahfest, an dem vom Auszug aus Ägypten erzählt wurde; die katholische Osterliturgie hält deshalb nachdrücklich die Erinnerung an den Exodus wach. Pfingsten ist zugleich das Erntedankfest Schawuot, zu dessen Ehre der Thoraschrein in der Synagoge mit Blumen geschmückt wird.

Übrigens ist das Christentum auch eine Buchreligion. In allen heidnischen Ländern, in die seine Pioniere vordrangen, verbreiteten sie die Kulturtechniken des Lesens und Schreibens – sozusagen notgedrungen, denn ohne Gesang- und Gebetbücher war die Liturgie nicht zu bewältigen. Freilich: einen Alphabetisierungsgrad wie die Juden, bei denen im Grunde jeder mit Buchstaben umgehen konnte (Frauen und Kinder eingeschlossen), erreichte Europa damals noch nicht. Doch als die Mönche später hinter Klostermauern lebten, taten sie den lieben langen Tag nichts anderes, als Stundenbücher, Psalter und reichverzierte Bibeln abzuschreiben, wobei sie auch manches wertvolle hebräische Manuskript aufbewahrten.

Nach dem Gesagten erscheint es nur logisch, daß der Gesetzeshüter nicht nur ein jüdischer Typus ist. Auch die Kirchengeschichte kennt diese einsame Gestalt an der Spitze, die ihre Macht zum Guten einsetzt; auch der christliche Esra «zieht einen Zaun um die Thora».

Rom

Er war ein Bastard. Seine Mutter Helena war eine griechische Schankwirtin und Stallmagd; sein Vater Constantius lernte sie kennen, während er als Offizier in der römischen Armee diente. Er selbst wurde an irgendeinem 27. Februar zwischen den Jahren 270 und 288 in irgendeinem verlassenen Winkel des riesigen Reiches geboren.

Es heißt, er sei der erste christliche Kaiser Roms gewesen. Aber er ließ sich erst gegen Ende seines Lebens auf dem Krankenbett taufen, legte nie ein Sündenbekenntnis ab und hat nie an einem christlichen Gottesdienst teilgenommen. Er blieb der *pontifex maximus*, also Vorsteher des heidnischen Priesterkollegiums in Rom, und es gibt Münzen, die ihn zusammen mit dem Sonnengott abbilden. Dennoch verstand er sich ab einem bestimmten Zeitpunkt als Christ. Die Wende kam mit der Schlacht an der Milvischen Brücke (312), wo es ihm gelang, seinen Mitregenten Maxentius zu schlagen. Konstantin der Große war überzeugt, daß Jesus ihm zu diesem glänzenden Sieg verholfen hatte.

Kirchenkritiker werfen ihm gelegentlich vor, er habe das Christentum mit der Macht vermählt. Aber sein Edikt von Mailand (313) verlieh der christlichen Religion keine Privilegien, sondern stellte sie nur den anderen römischen Kulten gleich. Konstantin bekannte sich zur Toleranz gegenüber den Heiden: «Sie sollen», schrieb er verächtlich, «die Tempel ihres Truges nach ihrem Willen haben.» Zur alleinseligmachenden Staatsreligion wurde das Christentum erst unter Kaiser Theodosius degradiert. Danach begannen die Anhänger Jesu in der Tat, Andersgläubige zu verfolgen. Aber das war erst im vierten Jahrhundert, und Konstantin war längst tot.

Wahr ist freilich, daß er 325 das Konzil von Nicäa einberief; er wollte den blutigen Streit zwischen der arianischen Ketzerbewegung und den Christen schlichten. (Die Arianer vertraten die Auffassung, daß Jesus ten-

denziell nicht ganz so göttlich sei wie Gott selbst – dies
hätte die christliche Doktrin ihrer logischen Grundlage
beraubt.) Konstantin scheiterte mit seinem noblen Ver-
mittlungsversuch. Immerhin erfand das Konzil von
Nicäa aber ein schönes Credo, das ein wenig unver-
ständlich ist, wie manche gute Poesie:

Wir glauben ... an den einen Herrn Jesus Christus, Gottes ein-
geborenen Sohn, aus dem Vater geboren vor aller Zeit, Gott von
Gott, Licht vom Licht ..., gezeugt, nicht geschaffen, eines We-
sens mit dem Vater ...

Wahr ist schließlich auch, daß Kaiser Konstantin im
Jahr 318 das wichtigste Menschenrecht des freien Römers abschaffte: die *potestas vitae necisque*. Folgendes
muß dazu angemerkt werden. Die Gebildeten bewundern heute – mit Recht – die Philosophie der Griechen,
sie bestaunen die Architektur der alten Ägypter, schwärmen von der Höflichkeit der Chinesen, vergöttern die
Astronomie der Babylonier und rühmen die römische
Staatskunst. Darüber wird indes leicht vergessen, daß
all diese Hochkulturen völlig bedenkenlos den Kindesmord als Mittel der Geburtenkontrolle anwandten. Es
gab in der ganzen antiken Welt nur ein Volk, bei dem es
als Verbrechen galt, ungewollte Säuglinge zu töten – das
waren die Juden.
   Und dies ist nun die umstrittene Tat des Konstantin:
Er erhob das jüdische Gesetz Anno Domini 318 zur
verbindlichen Rechtsvorschrift des römischen Imperi-
ums. Da dieses Gesetz für die Heiden neu und unerhört
war, konnte es nur unter Androhung einer besonders
grausamen Todesstrafe durchgesetzt werden: Wer dabei ertappt wurde, daß er sein Baby in der Wildnis aus-

setzte, sollte mit Schlangen in einen Sack eingenäht und
ertränkt werden. Einige Jahre bevor er diese Strafe fest-
setzte, hatte der Kaiser einen Erlaß über Kindergeld
öffentlich gemacht: «Wenn ein Vater oder eine Mutter
Euch ihr Kind bringen, das sie wegen äußerster Not
nicht erziehen können, so ist es Eure Pflicht, rasch für
die Nahrung und Kleidung desselben zu sorgen, weil
die Bedürfnisse eines neugeborenen Kindes keinen Auf-
schub dulden. Der Schatz des Reiches und der meinige
werden Euch dafür entschädigen.» Mit solchen Bestimmungen errichtete der große Konstantin eine unsicht-
bare Scheidewand, eine Mauer um die Feste Zion:
Hinter ihr lag die judäochristliche Zivilisation, davor
befand sich die übrige, die heidnische Welt.

(Der Islam – es sei ihm zur Ehre angerechnet – hat
das Verbot des Babymordes später übernommen. Nach
Asien drang das jüdische Gesetz jedoch erst im Marsch-
gepäck des Kolonialismus vor, und es wurde nur mit
halbem Herzen akzeptiert. Bis heute verschwinden auf
dem indischen Subkontinent und in China erschrek-
kend viele Säuglinge, die meisten Opfer sind Mädchen.)

Konstantin, der Bastard auf dem Caesarenthron,
wurde zum Modellkaiser für viele christliche Herrscher. Die meisten waren grausam und machtlüstern,
aber manche begriffen sich auch in dem hier gemeinten
Sinn als Verteidiger des Gesetzes. Karl der Große war
wohl einer von ihnen. Dieser europäische Staatsmann
erkämpfte ein Imperium, das alle Stämme unter einer
Rechtsprechung vereinte: die Franken, die Alemannen,
die West- und Ostgoten, die Langobarden, Bayern und
Sachsen. In seiner Pfalzanlage in Aachen ließ Karl sich
überhaupt nur als König David anreden. Juden und
Nazarener galten unter seiner Monarchie gleich viel,

beide sollten gemeinsam das Ideal der Gerechtigkeit
verwirklichen. Israel blieb das heimliche, das offene
Vorbild des christlichen Europa.

So vergingen Jahrhunderte. – Die Welt wurde kom-
plizierter, es fiel den majestätischen Esra-Gestalten zunehmend schwerer, das Gesetz zu hüten. Die Monarchie
degenerierte immer mehr zur Despotie. Irgendwann begnügten sich die Statisten in diesem Trauerpiel nicht
mehr damit, als anonymer Chor im Hintergrund ein-
tönig «Rhabarber, Rhabarber» zu nuscheln. Es war die
Zeit der Könige nicht mehr. Nachdem die Demokratie
im Prinzip längst offenbart worden war, sollte sie nun
endlich verwirklicht werden.

Israel

ישראל

Die Zehn Gebote

Christ, not Man, is King.

Inschrift auf dem Sarkophag
von Oliver Cromwell

Ein heiliges Volk bist du dem Herrn, deinem Gott; dich hat er erwählt zum Volk des Eigentums vor allen Völkern, die auf Erden sind. Er, der das Himmelszelt geschaffen und ausgespannt, er, der die Erde ausgedehnt mit allem, was auf ihr wächst und atmet, er hat dich berufen in Gerechtigkeit und dich bei deiner Hand gefaßt und dich zum Bund für das Volk eingesetzt, zum Lichte von Nationen. Du sollst die Augen der Blinden öffnen und den Gefesselten aus dem Kerker führen und die Bewohner der Finsternis aus dem Gefangenenhaus.

Und geschehen wird es in den letzten Tagen, da wird der Berg, auf dem des Herrn Haus ist, aufgerichtet sein über den Bergen und erhaben über alle Hügel, und werden alle Nationen zu ihm strömen. Und viele Leute werden ziehen und sagen: Kommt, laßt uns hinaufgehen zum Berg des Herrn, zum Hause des Gottes Jakobs, daß er uns lehre seine Wege und wir wandeln auf seinen Pfaden. Denn von Zion wird das Gesetz ausgehen, und das Wort des Herrn von Jerusalem.

Zwei Mythen

Demokratie, das weiß jedes Schulkind, ist ein griechisches Wort. Von Athen ging die Volksherrschaft aus, und die Freiheit begann auf dem Peloponnes. Der Monotheismus hatte damit kaum etwas zu tun, eigentlich gar nichts.

So will es die herrschende Lehrmeinung. Auch der bedeutendste Demokratietheoretiker dieses Jahrhunderts glaubte an den griechischen Mythos: In Karl Poppers Buch *Die offene Gesellschaft und ihre Feinde* avanciert der athenische Stadtstaat zum historischen Idealbild mit Ewigkeitswert. Zwar vergaß der Philosoph nie, daß die athenische *polis* auf Sklaverei beruhte, und er wollte keineswegs alle Maßnahmen verteidigen, die Athen zum Aufbau seines Reiches anwandte. Aber die alten Stammesstrukturen konnten seiner Ansicht nach nur durch «eine Art Imperialismus» zerschlagen werden, und manche der von Athen ergriffenen Maßnahmen seien «ziemlich liberal» gewesen. Dieser Hymnus an das aufgeklärte Griechentum verbindet sich in *Die offene Gesellschaft und ihre Feinde* mit einem handfesten Antijudaismus. Obwohl er selbst jüdischer Herkunft war, trug Popper eine Klischeebrille mit lutheranischen Zerrgläsern auf der Nase: Das Judentum gilt ihm als Paradebeispiel des Stammesdenkens. Es bestehe aus «starren und leeren» Tabus, die Lehre vom auserwählten Volk führt zur «Deutung der Gottheit als Stammesgottheit» und so weiter.

Hier wird es notwendig, eine Retourkutsche zu fahren. Denn es war gerade die griechische *polis*, die auf Stammesprinzipien gründete: Athenische Bürgerrechte besaß nur, wer zum Clan der sogenannten freien, näm-

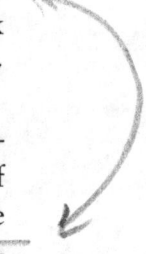

lich von Gewerbsarbeit freien, wohlhabenden Bürger
gehörte. Dagegen war es der jüdische Monotheismus,
der die Exklusivität der stammesmäßigen Bindung endgültig überwand: «Eine Thora sei für euch und den
Fremdling, der unter euch wohnt.» Und selbstverständlich verdient das politische System der Athener nicht,
Demokratie genannt zu werden. Abstimmungsrituale
der oberen Zehntausend sind noch keine Volksherrschaft. Daß Frauen und Sklaven, Handwerker und
Bauern von den öffentlichen Angelegenheiten ausge-
schlossen blieben, war mehr als ein Schönheitsfehler,
denn dieser Mißstand konnte im Rahmen des Systems
nicht korrigiert werden. So wurden die Unglücklichen,
die sich in den athenischen Silberminen zu Tode schuf-
teten, ganz offiziell als menschliches Vieh bezeichnet.
Man könnte einwenden, daß es das Institut der Sklaverei auch in der Bibel gibt; aber niemand im alten Israel
wäre auf die Idee verfallen, daß Sklaven weniger als
Menschen seien. Sie genossen ein Mindestmaß an
Rechten, die unveräußerlich waren.

Wenn die Demokratie aber nicht aus Griechenland
kommt, woher dann? Es hält sich das Gerücht, sie sei
das Ergebnis einer französischen Revolution, die manche immer noch «die große» nennen. Im Rückblick
nehmen sich die Revolutionshelden des Jahres 1789 indes wie wildgewordene Rousseau-Schüler aus. Diese
Terroristen der Demokratie wollten *tabula rasa* machen, sie wollten die Tafel blank wischen und die Geschichte noch einmal von vorn anfangen lassen. So
geriet der antifeudale Aufstand zum totalitären Experi-
ment, zum Großversuch an lebendigen Menschen. Die
Messrs. Robespierre & Co. feierten ein bluttriefendes
Guillotinenfest, das im Miniaturmaßstab die Säube-

rungen der Stalinzeit vorwegnahm. Hinzu kam ein kleiner Völkermord: Das Regime veranstaltete einen Ausrottungskrieg gegen die königstreuen Einwohner der Vendée. (Dabei verdiente sich ein junger Artillerist namens Napoleon Bonaparte seine militärischen Sporen.) All dies zusammen wurde vom Chor der marxistischen Historiker als «Befreiung der kapitalistischen Produktivkräfte» besungen – zu Unrecht. Der Historiker François Furet hat gezeigt, daß die Modernisierung Frankreichs nicht selten *gegen* das Erbe von 1789 durchgesetzt werden mußte. Am Ende bleibt als revolutionäre Errungenschaft vielleicht nur die Melodie der Marseillaise in dem Hollywoodklassiker *Casablanca*.

Der Mythos der Französischen Revolution hat sich also überlebt. Dennoch hat er überdauert. Bis auf den heutigen Tag verstellt er den Blick auf eine andere, die eigentliche und wirkliche Umwälzung hin zur Demokratie: die puritanische in England.

Auszug aus Ägypten

Der Terminus «Puritaner» ist zur Schmähvokabel degeneriert; so abfällig schmeckt sonst vielleicht nur noch das Wort «Pharisäer». Wie jene gelten die *puritans* als fromme Heuchler, obendrein stehen sie im Ruch, verklemmt zu sein und ihren Mitmenschen keinen Genuß zu gönnen. Im England des siebzehnten Jahrhunderts war das anders. Als Puritaner wurden damals jene bezeichnet, die mit der anglikanischen Staatskirche nicht einverstanden waren und ihr Tendenzen zum Katholizismus vorwarfen.

Die meisten dieser Dissidenten folgten den strengen

Lehren des Reformisten Calvin – aber nicht alle. Die Kritiker der herrschenden Kirche bildeten einen buntscheckigen Haufen: Da gab es Hippies wie die *Ranters*, die ihre Gottesdienste als Orgien gestalteten. Es gab Apokalyptiker wie die *Fifth Monarchy Men*, die das Ende der Geschichte herbeisehnten. Es gab Kommunisten wie die *Wiedertäufer*, die mit Terror das Himmelreich auf die Erde zwingen wollten. Es gab Anarchisten wie die *Quäker*, die Gebete anderer Gläubiger durch prophetisches «Zungenreden» störten. Es gab Demokraten wie die *Levellers*, die von der Beseitigung der feudalen Standesunterschiede träumten. Es gab *Baptisten*. Es gab *Brownisten*. Es gab Hunderte von Sekten und Grüppchen. Zusammengehalten wurden sie nur durch eine gemeinsame Abneigung: Die Kontrolle durch Bischöfe, Prälaten oder Priester war ihnen allen gleichermaßen verhaßt. Außerdem standen viele Puritaner der Monarchie feindselig gegenüber. Der Grund war ihr skeptisches Menschenbild (das sie übrigens mit ihren katholischen Gegnern wie auch den Juden gemeinsam hatten): Die Puritaner hielten die Menschen für abgrundtief sündhaft, so daß kein einzelnes Exemplar das Recht habe, andere zu beherrschen.

Zu dieser Zeit – wir schreiben das Jahr 1640 – schwang Charles I. das Zepter über England. König Charles war mit einer katholischen Frau verheiratet, und schon dies bedeutete ein ernsthaftes Problem: In welcher Religion würde der Thronfolger erzogen werden? Würde es ein katholisches Rollback auf der protestantischen Insel geben? Hinzu kam, daß Charles I. einen gewissen William Laud zum Erzbischof von Canterbury ernannt hatte. Laud war ein Reaktionär, der seine geistliche Herrschaft auf die weltliche Sphäre aus-

zudehnen wünschte, die Alleinregierung des Königs si-
chern wollte und zudem plante, die Kirchen wieder mit
Kruzifixen und Statuen zu versehen. Einen solchen Affront konnte sich das Parlament (in dem mehrheitlich
Puritaner saßen) nicht gefallen lassen. Es warb eine Armee, um sich gegen Charles I. und Erzbischof Laud zu
verteidigen. Ein Bürgerkrieg hatte begonnen, der alles
in allem neun Jahre dauern sollte.

Für Marxisten gibt es keine Fragen mehr: Hier erhob
sich – sonnenklar! – eine junge, aufstrebende Bourgeoi-
sie gegen das alte, verkommene Feudalsystem. Aber der
Hintergrund dieser Revolution war nicht ökonomisch;
er war biblisch. Nie zuvor und nie nachher hat es in Europa eine Nation gegeben, die so judäochristlich dachte
wie England im siebzehnten Jahrhundert. In jeder
Kneipe und Kirche wurde über die richtige Auslegung
der Schrift debattiert. In den Häusern der Armen hin-
gen Stofftapeten, die mit biblischen Szenen bemalt waren. Populäre Balladendichter und Flugblattschreiber
benutzten das Alte Testament als Rohmaterial, sie deu-
teten mit seiner Hilfe die aktuelle Politik. Bibeltexte
wurden an Türpfosten geschrieben und dienten als
Wandzeitungen. Zudem erfüllte die Bibel dieselbe
Funktion wie in späteren Jahrhunderten die Schund-
literatur. Der Historiker Christopher Hill merkt an,
daß es keinen Roman gab, «der es mit aufregenden Erzählungen wie der von Noah und der Arche, Joseph
und seinen Brüdern, Jonas und dem Walfisch, Samson
und den Philistern, David und Goliath aufnehmen
konnte».

Man pflegte die Angewohnheit, dieses spannende
Buch blind aufzuschlagen; die so gefundene Stelle
wurde als göttlicher Fingerzeig für die eigene Lage

gedeutet. Eine kohärente Welterklärungstheorie à la Marx oder Rousseau konnte aus diesen Zufallsfragmenten allerdings nicht zusammengefügt werden. So trug die Bibel zum pragmatischen Umgang mit Ideen, zum Aufstieg des Empirismus in England bei.

Die puritanischen Revolutionäre identifizierten sich mit den Juden. Sie waren überzeugt, daß Gott mit England einen Bund geschlossen habe; daß sie das neue Gottesvolk seien. (Diese Überzeugung wurde durch die Legende gefördert, die Angelsachsen seien die zehn verlorenen Stämme Israels.) Unter den Gebildeten gehörte es zum guten Ton, Hebräisch zu sprechen, manche kannten sich auch ein wenig im Talmud aus. Auf den Flaggen der Parlamentsarmee war der Löwe von Juda zu sehen. Der verhaßte Monarch wurde mit Pharao gleichgesetzt, oder man verglich Charles I. mit den gottlosen Königen Israels, von denen es in der Bibel nur so wimmelt: mit Ahab, Menasse, Jerobeam. Die Puritaner lasen fast nur noch das Alte Testament, christliche Texte blieben am Rand ihres Interesses. So wurde das demokratische Erbe der Propheten fruchtbar gemacht. Ein Prediger versprach den Soldaten der Revolution: «Ihr zieht jetzt aus Ägypten aus ... und ins Gelobte Land ein.» *Ägypten* stand schon bald als Metapher für das, was man aus tiefstem Herzen ablehnte – die anglikanische Bischofskirche und den Absolutismus.

Kurz nach Ausbruch des Bürgerkrieges zerfiel die puritanische Bewegung in zwei Hauptströmungen. Auf der einen Seite standen die Presbyterianer: Wenn es nach ihrem Willen ging, sollte ein Zentralkomitee von Ältesten die gültige christliche Lehre für alle Engländer und Schotten festlegen. Die politischen Phantasien der Presbyterianer liefen also auf eine Theokratie hinaus.

Auf der anderen Seite standen die Independents. Sie
waren gegen jede Art von Staatskirche und meinten,
jede Gemeinde von Christenmenschen solle für sich
selbst entscheiden, was auf der Grundlage der Heiligen
Schrift richtig sei. Unterdessen hatte sich ein Parlamentarier einen Namen gemacht, der als Generalleutnant
eine unbesiegbare Reiterarmee kommandierte. Oliver
Cromwell hieß dieser Abgeordnete, und er führte so
Krieg wie nach ihm Trotzki und David ben Gurion:
Cromwell konzentrierte seine Kräfte jeweils an einer
Stelle, fügte dem Feind verheerende Schläge zu und
hielt sich mit seine Soldaten immer in Bewegung.

Das Parlament erteilte diesem brillanten Komman-
deur den Auftrag, eine neue Streitmacht auf die Beine
zu stellen. Sie wurde *New Model Army* genannt und
unterschied sich grundsätzlich von den hastig zusam-
mengetrommelten Heeren, wie sie damals in Europa
üblich waren. Hier kämpften keine grölenden Lands-
knechte, sondern disziplinierte Soldaten; keine Söldner,
sondern Staatsbürger in Uniform. Sie wurden regelmäßig bezahlt, sangen Hymnen vor der Schlacht und
schonten entgegen allen Gebräuchen die Zivilbevölkerung. (Mit einer Ausnahme, von der noch die Rede sein
wird.)

Cromwell nahm in die *New Model Army* jeden auf,
der mit Waffen umzugehen verstand: Levellers, Baptisten, Antinomisten, Seekers, Ranters, sogar die radikalen Wiedertäufer. Schon bald zitterte das Parlament,
das von Presbyterianern beherrscht wurde, vor einem
Sieg seiner eigenen Armee. Dazu sei angemerkt, daß
das englische Parlament damals keine Volksvertretung
im eigentlichen Sinne war: Abgeordneter konnte nur
werden, wer über Vermögen verfügte oder zu den hö-

heren Ständen gehörte. Wenn es eine Kraft gab, die verdient, demokratisch genannt zu werden, so war es Cromwells Streitmacht.

Hinter dem Rücken der *New Model Army* nahm das Parlament Verhandlungen mit dem Todfeind von gestern auf: Es hofierte Charles I. Dies führte zu einem zweiten, kleineren, einem Bürgerkrieg im Bürgerkrieg. Er endete damit, daß die Armee die Presbyterianer und Royalisten aus dem Parlament hinauswarf, das House of Lords abschaffte und dem König den Prozeß wegen Hochverrats machte. Am 30. Januar 1649 wurde Charles I. mit dem Handbeil hingerichtet.

Schon oft in der Geschichte hatten Monarchen aufgrund von Palastintrigen ihr Leben lassen müssen. Hier aber geschah es zum ersten Mal, daß ein König im Namen der Volkssouveränität den Kopf verlor. Einmal mußte dieses grausame Exempel vielleicht statuiert werden. Als die französischen Jakobiner es 144 Jahre später mit der Guillotine nachahmten, war das nichts als ein Plagiat und außerdem ganz und gar unnötig.

Auch den Regizid rechtfertigten die Puritaner mit der Bibel. Sie argumentierten so: Hatte nicht Jehu, der Prophet, den gottlosen Joram mit einem Pfeil getötet? Dabei war dieser sein rechtmäßiger König gewesen. Mithin gab es ein Recht, das mehr wog als der Gehorsam: Gott billigte den Tyrannenmord. Der Mann aber, der die *New Model Army* vom Sieg zum Triumph geleitet hatte, derselbe, dessen Unterschrift gut lesbar auf dem Todesurteil für Charles I. prangte – Oliver Cromwell wurde von seinen Anhängern als ein Moses begrüßt, der das Volk aus der Finsternis in die Freiheit führte.

Durch die Wüste

Die antipuritanische Hetze hört nicht auf; und sie
kommt häufig Arm in Arm mit Judenfeindlichkeit da-
her. So schreibt Max Weber, nach dem Sieg der Puritaner habe sich «Askese wie ein Reif auf das Leben des
fröhlichen alten England» gelegt. Der «zornige Haß»
auf alles, was nach Heidentum roch, habe «das christliche Weihnachtsfest ganz ebenso» verfolgt «wie den
Maibaum und die unbefangene kirchliche Kunstaus-
übung». Ferner fabuliert der deutsche Soziologe von
der «absolut negativen Stellung des Puritanismus zu allen sinnlich-gefühlsmäßigen Elementen in der Kultur
und der subjektiven Religiosität».

Daran ist soviel richtig, daß die Puritaner Gemälde in
den Kirchen übertünchen ließen und statt dessen die
Zehn Gebote an die Wand schrieben. Außerdem ent-
fernten sie die Orgeln aus den Gotteshäusern; die Kirchen näherten sich in ihrem Erscheinungsbild also Synagogen an. – Indes ist es eine Lüge, die Puritaner seien
«düster» und kunstfeindlich gewesen. Wahr, sie ließen
die Theater schließen; dafür hatten sie aber nichts gegen Opern, die damals gerade in England heimisch
wurden. Auch gebärdeten die Puritaner sich nicht in jedem Fall als Bilderstürmer. Nachdem Cromwell zum
«Lord Protector» aufgestiegen war, ließ er eine Serie
von Raffael-Gemälden anschaffen; in seinem Garten
standen Statuen von Venus, Adonis und Apollo. Gegen
Orgeln außerhalb der Kirchen hatten die Puritaner
nicht das geringste einzuwenden. Im Gegenteil, sie liebten und pflegten die Hausmusik; und da sie ihr ver-
wehrten, die Dienstmagd der Religion zu sein, machte
die weltliche Musik um so größere Fortschritte.

Die Puritaner, so sagt man, waren miesepetrig. Aber in Cromwells Republik wurde das *coffee-house* erfunden, jener klassenlose Ort, wo Karrenschieber, Börsenmakler, Grafen und Hausknechte einander begegnen konnten. Am Hof des Lord Protector wurde heftig das Tanzbein geschwungen. Und sogar die vielbeschworene «puritanische» Lustfeindlichkeit erweist sich bei näherem Zusehen als Legende: Sex und Zärtlichkeit unter Eheleuten galten als gut. Schließlich blühte im puritanischen England die Literatur. Alle bedeutenden Dichter der Epoche unterstützten die Revolution.

Wenigstens *en passant* sollte in diesem Zusammenhang des zweitgrößten englischen Lyrikers gedacht werden, der im Dienste Cromwells sein Augenlicht verlor. John Milton hatte sein Barockepos vom verlorenen Paradies damals noch nicht geschrieben – er war aber schon der Autor einer berüchtigten Flugschrift, der *Aeropagitica.* Er forderte dort etwas Unerhörtes: die Abschaffung der Zensur. Milton plädierte dafür, daß protestantische Christen aller Glaubensrichtungen Redefreiheit haben sollten – mit einem interessanten Argument: Die Wahrheit, schrieb der Dichter, bedürfe ihres Gegenteils, um sich daran messen zu können. Eine Wahrheit, die sich nicht gegen einen Irrtum durchgesetzt habe, sei nicht viel wert. Also habe jede Meinung, und sei sie noch so falsch, und möge sie sogar ketzerisch sein, ein Recht darauf, gehört zu werden. Diese Toleranz hatte Milton mit seinem Staatsoberhaupt gemeinsam. Oliver Cromwell beschwor die übriggebliebenen Parlamentarier im House of Commons: «... wenn der ärmste, im schlimmsten Irrtum befangene Christ verlangt, in Ruhe und Frieden unter euch zu leben ... dann soll er beschützt werden.»

Oft wird gesagt, Cromwell habe nach dem Sieg
der *New Model Army* eine finstere Tyrannei errichtet. Aber diese «Militärdiktatur» war der heroische,
erbärmliche, abenteuerliche, lachhafte, aussichtslose
und grandiose Versuch, einen Rechtsstaat zu installieren. Das von den Offizieren eingesetzte «Parlament
der Heiligen» beschloß soziale Reformen, die ihrer
Zeit weit voraus waren. Die Strafgesetze sollten humanisiert werden. Die Todesstrafe, die bisher für Baga-
telldelikte gegolten hatte, wurde nur noch in Fällen
von Mord und Verrat verhängt. Später bemühte sich
eine Junta puritanischer Offiziere, mit dem *Instrument
of Government* eine geschriebene Verfassung zu schaffen. Diese sah erstmals in der Geschichte so etwas wie
Gewaltenteilung vor. Und der «Diktator» selbst? Oliver Cromwell stieg nie zum Alleinherrscher auf. Seine
Macht war begrenzt, ständig mußte er sich mit mindestens einer rivalisierenden Institution herumschla-
gen.

Indes wäre es absurd zu behaupten, an den Händen
dieser Revolution habe kein Blut geklebt. Irland hat
wenig Grund, freundlich an Oliver Cromwell zu denken. Es gibt hier nichts zu verschweigen und nichts zu
beschönigen: Die Brutalität, mit der die Parlamentsarmee den Aufstand der katholischen Iren niederwarf,
bleibt auf ewig die Schande des englischen Puritanismus. In Drogheda und Wexford metzelten Cromwells
Soldaten Zivilisten nieder, und sie hetzten alles zu
Tode, was eine papistische Soutane trug.

Merkwürdig ist freilich, daß die Nachwelt Cromwell
seine Irland-Expedition bis heute nicht verzeiht, während sie den Vernichtungskrieg gegen die Vendée glatt
vergessen hat. Es ist deswegen seltsam, weil jener ohne

die Jakobiner nicht stattgefunden hätte; der Feldzug gegen die Iren aber war nur die Fortsetzung der gewöhnlichen englischen Kolonialpolitik mit besonders abscheulichen Methoden. Die Truppen des Königs wären bei der Aufstandsbekämpfung vermutlich genauso rücksichtslos vorgegangen, wie es Cromwells Armee tat. Das ist keine Entschuldigung, aber es hilft, die Kriegsverbrechen in eine historische Perspektive einzuordnen.

Trotz seines Wutanfalls gegen die Iren: Oliver Cromwell war kein grausamer Mann. Gegen Ende seines Lebens litt er unter einem Blasenstein, und der einzige Arzt in London, der ihm helfen konnte, ein James Moleyns, war ein überzeugter Royalist. Nach erfolgreicher Operation weigerte er sich, Geld anzunehmen: Er habe, sagte Moleyns, den Lord Protector «nicht aus Liebe» kuriert, sondern weil es seine Pflicht war. Immerhin bat der Arzt aber um einen Drink. Man füllte ihm das Glas – und er brachte prompt einen Toast auf den toten König Charles aus. Cromwell weigerte sich, diese Provokation zu ahnden. Er sagte: «Laßt den Mann gehen, er ist verrückt, aber er hat mir wohlgetan und ich will ihm nicht schaden.» Bis hierher handelt diese Geschichte nur von gewöhnlichem Anstand. Ihre Fortsetzung indes zeugt von menschlicher Größe: Am nächsten Tag ließ Cromwell dem wackeren Moleyns tausend Pfund vorbeibringen und bat ihn, die Summe im Namen von König Charles zu akzeptieren.

Ein Robespierre hätte jemanden wie James Moleyns auf der Stelle guillotinieren lassen. Nicht aus persönlichen Gründen, weil er sich etwa beleidigt gefühlt hätte, sondern aus Prinzip: Der Machtanspruch der Jakobiner ließ nicht zu, daß Ausnahmen gemacht wurden. Die

englische Revolution gehorchte einem anderen Gesetz.
Sie war biblisch und darum pragmatisch bis auf die
Knochen.

Im Gelobten Land

Den Puritanern gelang nie, überzeugend zu klären, wer
denn nun eigentlich die Macht im Staat hatte. Darum
sackte die Republik nach Cromwells Tod in sich zusammen: Das Parlament bat Charles II., den Sohn des
Geköpften, aus dem Exil heimzukehren. 1659 bestieg
er den Thron, England war wieder eine Monarchie.
God save the King! Aber die Konterrevolution siegte
nur scheinbar. Nichts blieb so, wie es vordem gewesen
war. Im Jahre 1688 jagte das Parlament den letzten der
Stuart-Herrscher davon und setzte an seiner Stelle einen
König ein, der ihm genehm war. Die *Bill of Rights*
schrieb für alle Zeit der Vorrang des Parlaments vor
den gekrönten Staatsoberhäuptern fest.

So kam es, daß England im achtzehnten Jahrhundert
zum aufreizenden Vorbild wurde. Die europäischen
Intellektuellen pilgerten nach London, als sei es Jerusalem. Zu den Reisenden, die reif für die Insel waren, gehörte auch ein philosophischer Witzbold namens Vol-
taire; erst die englische Frischluft ließ ihn zum Kritiker
der muffigen französischen Zustände werden. Die
deutsche Schriftstellerin Sophie von La Roche aber no-
tierte Anno 1786: In der «ganzen Geschichte des
menschlichen Geschlechts» habe «*Großbritannien* das
dauernde Beispiel gegeben: daß Millionen Menschen
frei, vernünftig, der Würde der menschlichen Natur gemäß miteinander verbunden leben und daß bei der

höchsten Kultur, bei Reichtümern und Wohlleben, doch *die Gesetze mehr als die Menschen herrschen*». England lag als Insel der Freiheit in einem Meer der Tyrannei.

Etwas Neues war in der Welt: die Demokratie von Gottes Gnaden.

Die Forderung «*One man, one vote!*», die in Cromwells *New Model Army* zum ersten Mal laut geworden war, sollte nicht mehr verstummen, bis sie endlich verwirklicht wurde. Die feministischen Sufragetten sorgten später dafür, daß *man* nicht nur «Mann», sondern «Mensch» hieß. Zuvor hatten die Puritaner das Eigentum von seinen letzten feudalen Fesseln befreit: So wurde das Inselkönigreich zum Vorposten einer freien, kapitalistischen Marktwirtschaft. Außerdem ging der Same auf, den der mutige John Milton mit seiner *Aeropagitica* gepflanzt hatte. Als Humus dienten dabei Tausende von Pamphleten, Traktaten, Fastenpredigten und Polemiken, in denen die puritanischen Sektierer einander beschimpft hatten; damit bereiteten sie einer fruchtbaren Debattenkultur den Boden. Im achtzehnten Jahrhundert wuchsen in England unter der Sonne der Meinungsfreiheit bereits Zeitungen und Journale.

Auch in einer anderen Frage erwies Großbritannien sich als Licht der Nationen: Im Jahre 1807 verabschiedete das Parlament unter Premierminister Charles James Fox ein Gesetz zur Abschaffung der Sklaverei. Danach übte die englische Regierung Druck auf ihre Verbündeten aus, um das Verbot auf die ganze Alte Welt auszudehnen. Dies gelang 1815 auf dem Wiener Kongreß. 1833 gab es auch im gesamten britischen Kolonialreich keinen einzigen Sklaven mehr. So wurde künftigem Unheil der Riegel vorgeschoben. Kaum aus-

zudenken, wie Europa ohne diese Intervention ausgese-
hen hätte: Deportierte aus Afrika hätten ebenso zum
Straßenbild gehört, wie sie Teil des Alltags in den amerikanischen Südstaaten waren. Dort mußten die Neger-
sklaven noch bis zu Abraham Lincolns Sieg im Bürgerkrieg auf ihre Befreiung warten.

Nicht nur für Sklaven, auch für die Juden war Großbritannien eine Schutzmacht. Oliver Cromwell fühlte
sich, wie die meisten Puritaner, den Kindern Israel gei-
stig verwandt und brach mit der Tradition des englischen Antisemitismus. Vier Jahrhunderte lang – seit der
großen Austreibung unter Edward I. – hatte es auf der
Insel keine jüdische Gemeinde mehr gegeben. Im Jahre
1656 ließ sich der Lord Protector von dem Amster-
damer Rabbi Menasseh ben Israel nicht mehr länger
bitten, er erlaubte den Juden, sich in seiner Republik
niederzulassen. (Als der Rabbi und der Staatsmann einander begegneten, drückte Menasseh ben Israel ihm
unablässig die Hände und begann, seinen Körper abzu-
tasten; er wolle sich vergewissern, sagte er, daß sein
Held wirklich aus Fleisch und Blut und kein höheres
Wesen sei.)

Seit Cromwell gehört der puritanische Philosemitis-
mus zum angelsächsischen Kulturerbe. Der bedeutendste britische Premierminister des neunzehnten Jahrhunderts, Benjamin Disraeli, war ein getaufter sefardischer
Jude. 1855 hatte London einen jüdischen Bürgermeister
– Sir David Salomons. Zwei Jahre später nahm Lionel
de Rothschild seinen Sitz im Parlament ein; er war der
erste Abgeordnete, der seinen Eid nicht auf eine christliche Bibel, sondern auf die Thora schwor. Heute lebt
fast die Hälfte aller Juden in der angelsächsischen Welt.
Sie lebt dort frei und vollkommen sicher. «Antisemitis-

mus» bedeutet in den biblisch geprägten Ländern, daß
ein paar besonders snobistische Clubs keine Juden als
Mitglieder akzeptieren. Antisemitismus im europäischen Sinn aber ist in Großbritannien und Nordamerika unbekannt. Nie hat es dort einen Dreyfus-Prozeß
à la Française gegeben, von Pogromen wie in Polen und
der Ukraine zu schweigen.

Im zwanzigsten Jahrhundert war England in einer
kritischen Stunde die einzige Bastion gegen den Totali-
tarismus. Das ist mittlerweile fast vergessen: Im Jahre
1940 stand das Inselkönigreich verzweifelt allein.
Frankreich war gerade eben nach kurzem Kampf in die
Knie gebrochen, die britischen Truppen in Dünkirchen
hatten die Beine in die Hand nehmen müssen. Die Vereinigten Staaten von Amerika waren noch furchtbar
weit weg. Die ruhmreiche Sowjetunion war noch auf
ewige Zeiten mit Hitlerdeutschland verbündet. Der
Nahe Osten befand sich im Aufruhr, weil die Araber
sich auf die Seite der Achsenmächte geschlagen hatten.
Es wäre so verlockend gewesen, mit den Deutschen einen falschen Frieden auszuhandeln. Wer oder was hätte
die Briten davon abhalten sollen?

Premierminister Winston Churchill aber, der regelmäßig im *Jewish Chronicle* schrieb und das zionistische
Aufbauwerk in Palästina unterstützte, gab die Parole
aus, man werde bis zur bedingungslosen Kapitulation
des Feindes weiterkämpfen. Dabei berief er sich auf das
Vorbild der Makkabäer, die den Aufstand gegen die
griechischen Besatzer Israels gewagt hatten. Churchill
zitierte die Bibel: «Wappnet euch, und seid tapfere
Männer, und seid bereit zum Streit: denn es ist besser,
im Kampfe umzukommen, als den Frevel anzusehen,
der unserem Volk und unseren Altären angetan wird.»

Zu den Anhängern des konservativen Premiers zählte damals ein linksradikaler Sozialist, der im Krieg seinen Patriotismus wiederentdeckt hatte. «Die ganze englischsprachige Welt», konstatierte der Schriftsteller und Journalist George Orwell, «wird heute von der Idee menschlicher Gleichheit heimgesucht.» Aus diesem Grund müsse England unbedingt verteidigt werden. Immerhin sei es «Hitlers Lebenszweck, just diese ... ‹jüdische› oder ‹judäochristliche› Idee zu zerstören». Orwell schrieb:

All ihrer Trägkeit, Heuchelei und Ungerechtigkeit zum Trotz ist die angelsächsische Zivilisation das einzige große Hindernis, das Hitler noch den Weg versperrt ... Darum sind faschistische Autoren sich schon seit Jahren einig: ... England muß «ausgelöscht», muß «vernichtet» werden, es muß «aufhören zu existieren».

England versank nicht im Ozean. Und so blieb die Demokratie von Gottes Gnaden ein Ärgernis bis auf den heutigen Tag. Sie ist freilich auch ein Unding, eine Unmöglichkeit beinahe, ja, so etwas wie ein Wunder. Genauer gesagt – ein lebensnotwendiges Wunder. Wie leicht hätte die Welt den Diktatoren in den Schoß fallen können, wie blitzkriegeschnell war die Wehrmacht in Warschau, wie siegesgewiß trumpfte die Sowjetunion im Kalten Krieg auf. Großbritannien und seine abtrünnigen Kolonien, die Vereinigten Staaten von Amerika, sind immer noch das einzige, was im Ernstfall zwischen der Menschheit und dem totalitären Wahnsinn steht.

[handschriftliche Notiz:] Protestantismus in England des 17. Jh. als Nachfolge des jüd. Rechts...

Die Wiederkehr
der Götter

Nationalsozialistisches Fresko (Foto: Hans-Dietrich Beyer)

> Die Christen, die keinen
> Christenglauben mehr haben,
> werden die wütendsten Feinde der
> Juden sein ... Wenn das Christenvolk
> kein Christentum ... mehr hat ...,
> dann, Ihr Juden, laßt Euch Eiserne
> Schädel machen, mit den beinernen
> werdet Ihr die Geschichte nicht
> überleben!
>
> *Flugblatt aus dem Jahre 1848*

Zu der öffentlichen Sitzung des Konzils waren so viele Gläubige gekommen, daß in der Kathedrale kein Platz mehr für sie war. So versammelten sie sich unter freiem Himmel vor der Stadt: dreihundert Kleriker, dazu eine unübersehbare Menge von Bauern und Bürgern und Edelleuten. Der Papst sprach lange zu ihnen. Er sprach von der Unmenschlichkeit, die christliche Pilger im Heiligen Land erdulden mußten; von der Notwendigkeit, den Christen des Ostens in einem gerechten Krieg beizustehen.

Urban II. war ein beeindruckender Mann: hochgewachsen, fromm, eloquent. Viele Tausende antworteten ihm wie aus einer Kehle: «Deus le volt!» – Gott will es so! Die Adeligen drängten sich um ihn und baten demütig um die Erlaubnis, an dem Kreuzzug teilnehmen zu dürfen. Ein Kardinal brach in die Knie und betete für die ganze Versammlung das *Confiteor*. Als die Masse in das Gebet einstimmte, fingen viele an zu weinen, andere waren dermaßen ergriffen, daß sie am ganzen Körper zitterten. Es war der 27. Januar 1095, ein Dienstag in der französischen Stadt Clermont.

Papst Urban II. hatte einen begrenzten Krieg im Sinn. Seine Bataillone sollten dem byzantinischen Heer helfen, die muslimischen Seldschucken aus Kleinasien hinauszudrängen; vielleicht konnte so die Spaltung der Christenheit in eine Ost- und eine Westkirche überwunden werden. Der Papst hoffte, daß die Byzantiner aus Dankbarkeit für die militärische Unterstützung endlich seine Autorität anerkennen würden. Aber es kam anders. Der Feldzug gegen die Ungläubigen geriet außer Rand und Band, er zerbrach alle rechtlichen Eindämmungen. Gegen das Verbot Urbans II. wälzte sich bald ein bewaffneter Menschenstrom auf Jerusalem zu. Die meisten dieser Gotteskämpfer waren keine regulären Kreuzritter. Es waren Bauern, Taglöhner, Bettler, auch Frauen und Kinder, die von einer apokalyptischen Vision vorwärts getrieben wurden: Sie wollten die heilige, die letzte Schlacht schlagen und das Grab Jesu – notfalls unter Einsatz des eigenen Lebens – vom islamischen Joch befreien. Das Ende der Welt schien nahe herbeigekommen, der Antichrist stand vor den Toren, er mußte in einem Volkskrieg niedergerungen werden. Ein ungeheures Menschenopfer war gefordert, doch über dem Blutbad würde am Ende die Apotheose leuchten: die Gottwerdung des Menschen in Jerusalem.

Auf dem Weg zum letzten Gefecht griff der Mob die jüdischen Siedlungen entlang des Rheins an. In der Stadt Speyer erschlugen die Fanatiker elf Juden auf offener Straße. Bischof Johannes handelte schnell: Er gewährte der gesamten Gemeinde Unterschlupf und ließ den Rädelsführern der Antisemiten die rechte Hand abschlagen. Dieses Argument überzeugte. Die Horde verzog sich nach Worms. Dort war der Bischof gerade verreist, niemand warf sich den Mördern entgegen; nur eine Handvoll Juden entging dem Massaker. Die blutigste Tragödie ereignete sich jedoch in Mainz. Der Bischof dieser Stadt hatte sich von der Gemeinde Schutzgeld bezahlen lassen und war danach Hals über Kopf aus seinem Palast geflohen. Nun stand den pauperisierten Kreuzfahrern nichts mehr im Weg. Sie brachen die Türen auf und metzelten, bis keine jüdische Seele mehr atmete. Der Bischof von Köln unternahm den Versuch, seine jüdischen Schützlinge in den Dörfern der Umgebung zu verstecken; aber der pogrombegeisterte Haufe spürte sie auf und mordete sie zu Hunderten. Die Gemeinden von Regensburg und Prag wurden gezwungen, den christlichen Glauben anzunehmen.

Wie verhielten sich jene Juden, die sich nicht taufen ließen? Sie verhandelten mit ihren Feinden. Sie suchten den Schutz ihrer Obrigkeit zu erlangen. Sie wehrten sich mit gezückten Schwertern: In Mainz legten Rabbi Kalymnos bar Meschullam und seine Getreuen Rüstungen an. Als das alles nichts mehr half – die Feinde wüteten schon im Nebenraum –, taten die Juden etwas Unerhörtes. Jeder, der ein Schlachtmesser hatte, nahm es in die Hand und prüfte mit dem Daumennagel, ob es schartig war (in diesem Fall wäre es rituell unbrauchbar gewesen). Dann sprach der Rabbi die Segensformel, die tausend Jahre zuvor für die Ziegen und Lämmer im Tempel gegolten hatte. Das Opfer sagte: «Amen.» Dann wurde ihm das Messer in den Hals gestoßen und die Kehle durchgeschnitten. Zum Schluß wurde der Opferer geschlachtet, oder er tötete sich selbst. Lieber das Leben in der nächsten Welt als die Taufe! Die Juden vom Rhein verstießen damit bewußt gegen das Gesetz. Zwar vertraten manche Rabbiner die Ansicht, es sei besser, sich umbringen zu lassen, als zum Götzendiener zu werden; der Selbstmord jedoch ist Juden ohne Ausnahme verboten. Gerade durch die Mißachtung dieses Verbotes sollte nun aber der Name Gottes geheiligt werden. In liturgischen Dichtungen, den sogenannten *pijutim*, wird die Erinnerung an das Grauen wachgehalten:

Den Hals streckten wir dem großen Schlachtmesser entgegen,
gerechte Frauen eilten und brachten ihre Kleinen her
gleich Tauben als Ganzopfer zum Wohlgefallen,
willig reichten sie dieselben
dir als wohlgefällige Gabe.

Väter, im eigenen Blute schwimmend,
schlachteten ihre Kinder
und sahen in freudiger Gottergebenheit
das Blut zusammenfließen.
Um deinen einzigen Namen zu erheben
schonten sie nicht ihr Leben.

In seliger Begeisterung riefen sie bei ihrer Ermordung
als Segensspruch: «Höre Israel!»
Einstimmig eilten Eltern und Kinder,
Bräutigame und Bräute hin zur Schlachtbank
wie zu ihrem Trauhimmel.

Gott hatte seinem Knecht Abraham das Menschenopfer im letzten Moment erlassen. Jetzt aber sollte der Gott Israels genau das erhalten, was er damals ausdrücklich abgelehnt hatte – das Blut von Unschuldigen. Er sollte beschämt werden. Der Allmächtige, durch dessen unbegreiflichen Ratschluß jetzt eine ganze Generation zunichte wurde, sollte mit eigenen Augen sehen, wie weit die Treue zu ihm ging, wie bedingungslos sie war. Das Märtyrer-Ideal der Kreuzfahrer sollte überboten werden. Wenn die falschen Christen bereit waren, ihr Leben für ihre Religion hinzugeben, wieviel mehr mußte das erst für die Juden gelten, diese Verteidiger der Thora, die Gott über alles Maß liebten, die ihm anhingen über den Tod hinaus.

Was aber trieb den antisemitischen Pöbel beim Töten an? Simple Mordlust und die Aussicht auf Beute? Aber warum tobte man sich ausgerechnet an den Juden aus, woher rührte die wütende Entschlossenheit, mit der man das auserwählte Volk vom Erdboden vertilgen wollte? So paradox es klingen mag, christliche Motive haben dabei keine Rolle gespielt. Der Apostel Paulus lehrte ja, daß die Juden als Zuschauer des göttlichen Heilsdramas dringend gebraucht wurden. Seit Kirchenvater Augustinus war dies offizielle Doktrin: Die Juden sind Zeugen für die Wahrheit des Alten wie des Neuen Testaments. Unter dem Zeichen des Kreuzes haben sie darum Lebensrecht bis zu ihrer Bekehrung am Jüngsten Tag. So äußern die Chronisten dann auch keine Genugtuung über die Massaker; nicht einmal zwischen den Zeilen kommt Freude auf. Aber wenn sich der apokalyptische Judenhaß nicht aus christlichen Quellen speiste, aus welchen Seelentiefen stieg er dann empor?

Einer Antwort kommen wir womöglich näher, wenn

wir noch einmal auf den Kalender schauen: Es war der
Mai des Jahres 1096. Für viele Kreuzfahrer lag die Chri-
stianisierung also noch gar nicht lange zurück, vielleicht
drei, höchstens vier Generationen. Manche konnten
sich noch an ihre heidnischen Großeltern erinnern. Und
oft hatte das Christentum nicht die Herzen erobert, sondern sich mit brutalem Zwang nur die Körper unterworfen; für die Nachkommen der Sachsen, Franken,
Langobarden, Bajuwaren, Alemannen – und wie sie alle
hießen – war es immer noch eine fremde, semitische Religion. Der Psychoanalytiker Sigmund Freud spricht
deshalb von Völkern, die «schlecht getauft» seien:

… unter einer dünnen Tünche von Christentum sind sie geblieben, was ihre Ahnen waren, die einem barbarischen Polytheismus huldigten. Sie haben ihren Groll gegen die neue, ihnen auf-
gedrängte Religion nicht überwunden, aber sie haben ihn auf
die Quelle verschoben, von der das Christentum zu ihnen kam.
Die Tatsache, daß die Evangelien eine Geschichte erzählen, die
unter Juden und eigentlich nur von Juden handelt, hat ihnen
eine solche Verschiebung erleichtert. Ihr Judenhaß ist im Grunde
Christenhaß …

Manche Historiker glauben, im Jahre 1096 sei das Ver-
trauen der Juden in ihre christliche Umgebung endgültig zerstört worden. Das mag übertrieben sein. Sicher
ist aber, daß die Massaker und Massenselbstmorde
tiefe Spuren ins europäisch-jüdische Gedächtnis gru-
ben. Damals wurde der Kaddisch, seinem Wortlaut
nach eine überschwengliche Lobpreisung Gottes, zum
Totengebet umgewidmet; in Memorbüchern wurde die
Erinnerung an die Opfer für alle Zeit aufbewahrt. Und
die «schlecht getauften» Christen? Vielleicht war auch

für sie eine Grenze überschritten, die sich nicht mehr in umgekehrter Richtung passieren ließ?

Könnte es sein, daß im Mittelalter – nach tausend Jahren Kirchengeschichte – die Wiederkehr der Götter begann?

Phänomenologie des Ungeistes

Zu den großen Zivilisationsleistungen der Menschheit gehört (neben dem britischen Empire) das Habsburgerreich. Dieses politische Gebilde kann kaum heroisch genannt werden. Die «apostolischen Majestäten» regierten es nicht mit starker Hand: eher mit einer Mischung aus Schlamperei, Bürokratie und achselzuckendem Gewährenlassen. So gelang es, die europäischen Völker von Galizien bis zum Mittelmeer unter einem Rechtssystem und einer Doppelkrone zu vereinen.

Der Glaubenskitt aber, der die multinationalen Ziegelsteine des Habsburgerreiches zusammenhielt, war der Katholizismus. Zugleich nahm im Staatswappen der Stern Davids einen prominenten Platz ein, und Juden galten als die eigentlichen k. u. k. Bürger. Die Nationalisten in Budapest, Prag, Wien und Triest zeichneten sich folgerichtig durch rabiaten Antisemitismus aus. Die Anhänger des Pangermanismus schäumten gegen die «Judenkaiser» Österreich-Ungarns und die römische Kirche, welche die Nationen um ihr ureigentliches Wesen bringe.

Kurz vor der Wende zum neunzehnten Jahrhundert gründete Georg von Schönerer in Wien seine Los-von-Rom-Bewegung. Unter den Deutschösterreichern wurde sie schnell populär: Viele antihabsburgisch eingestellte Katholiken ließen sich aus politischen Gründen protestantisch taufen. Gleichzeitig verbreitete sich in Europa eine neue Geheimlehre – die sogenannte Theosophie von Helena Petrovna Blavatsky. Es handelte sich dabei um einen okkulten Cocktail aus gnostischen, ägyptischen und hinduistischen Zutaten, die mit einem kräftigen Schuß des arischen Mythos abgerundet wurden. Als Erkennungszeichen diente den Theosophen ein uraltes östliches Fruchtbarkeitssymbol, das Hakenkreuz.

So wurde im Schoß des multinationalen Habsburgerreiches eine neuheidnische Sekte geboren: Am Vorabend des Ersten Weltkrieges verband sich Schönerers völkische Religion mit Madame Blavatskys Ideologie. Das Kind aus dieser *liaison dangereuse* wurde «Ariosophie» getauft, seine geistigen Ziehväter waren zwei falsche Adelige: Guido von List und Jörg Lanz von Liebenfels. Ihre apokalyptische Vision verhieß den Gläubigen ein Lichtreich voller Edelmenschen, das vom jüdisch-christlichen Einfluß gereinigt sein werde, eine neue Ära deutscher Weltherrschaft unter der weisen Führung heidnischer Priester.

Machen wir an dieser Stelle einen kleinen Zeitsprung zurück ins neunzehnte Jahrhundert. 1834 erschien in Paris Heinrich Heines *Zur Geschichte der Religion und Philosophie in Deutschland*. Dieses wunderbare Buch ist ein glasklares, mit Witz geschliffenes, geistreich funkelndes Juwel des saint-simonistischen Utopismus. Der Dichter wollte seinen lieben Franzosen darin allen Ernstes weismachen, die Deutschen hätten ihre demokratische Revolution erst einmal auf die luftige Sphäre der Philosophie beschränkt, würden sie bald aber um so gründlicher in der politischen Arena nachholen.

Am Ende dieses Buches ergeht es Heine genau wie
dem heidnischen Propheten Bileam – aber umgekehrt.
In der Bibel möchte Bileam fluchen, doch über seinen
Mund kommen nur Segenssprüche; Heine dagegen
wollte ein heroisches Schlachtengemälde liefern und
entwarf statt dessen ein Schreckensbild. Mit düsterer
Hellsichtigkeit beschrieb er den künftigen deutschen
Revolutionär, der dadurch furchtbar sein werde, «daß
er mit den ursprünglichen Kräften der Natur in Verbin-
dung tritt, daß er die dämonischen Kräfte des altgerma-
nischen Pantheismus beschwört, und daß in ihm jene
Kampfeslust erwacht, die wir bei den alten Deutschen
finden und die nicht kämpft, um zu zerstören, noch um
zu siegen, sondern bloß um zu kämpfen». Weiter
merkte Heine an:

Das Christentum – und das ist sein schönstes Verdienst – hat
jene brutale, germanische Kampflust einigermaßen besänftigt,
konnte sie jedoch nicht zerstören, und wenn einst der zähmende
Talisman, das Kreuz, zerbricht, dann rasselt wieder empor die
Wildheit der alten Kämpfer, die unsinnige Berserkerwut, wovon
die nordischen Dichter so viel singen und sagen. Jener Talisman
ist morsch, und kommen wird der Tag, wo er kläglich zusam-
menbricht. Die alten steinernen Götter erheben sich dann aus
dem verschollenen Schutt, und reiben sich tausendjährigen
Staub aus den Augen, und Thor mit dem Riesenhammer springt
endlich empor und zerschlägt die gotischen Dome ... Bei diesem
Geräusche werden ... die Löwen in der fernsten Wüste Afrikas
... die Schwänze einkneifen, und sich in ihren königlichen Höhlen verkriechen.

Genauso ist es gekommen. Ja, die gotischen Dome la-
gen in Trümmern, als alles vorbei war, genau wie Anno
Domini 1938 die Synagogen in Schutt und Asche gele-

gen hatten. Ja, die Löwen zogen ihre Schwänze ein, als dröhnend Rommels Panzerarmee auf dem Weg ins britische Mandatsgebiet Palästina vorbeifuhr, wo die Juden in den Kibbuzim aufhörten, Kinder zu machen. In der Mitte des christlich-zivilisierten Europa aber stand groß der Kult Wotans und Ischtars wieder auf. Dem Moloch wurden Feueröfen errichtet. Zeichen am Himmel wurden gesichtet und gedeutet: «Ein überaus starkes Polarlicht überflutete den gegenüberliegenden, sagenumwobenen Untersberg für eine lange Stunde ... Der Schlußakt der Götterdämmerung hätte nicht effektvoller inszeniert werden können. Gesichter und Hände eines jeden von uns waren unnatürlich rot gefärbt. Unvermittelt sagte Hitler zu einem seiner militärischen Adjutanten gewandt: ‹Das sieht nach viel Blut aus. Dieses Mal wird es nicht ohne Gewalt gehen.›» Der deutsche Messias ließ keinen Zweifel an seinem Regierungsprogramm, er sagte:

Ah, der Wüsten-Gott, dieser verrückte, stupide, rachsüchtige asiatische Despot mit seiner Macht, Gesetze zu machen! Diese Peitsche eines Sklavenhalters! Dieses teuflische: Du sollst! Du sollst! Und dieses dumme: Du sollst nicht. Es muß heraus aus unserem Blut, dieser Fluch vom Berge Sinai! Dieses Gift, mit dem sowohl Juden wie Christen die freien, wunderbaren Instinkte des Menschen beschmutzt und sie auf das Niveau hündischer Furcht herabgedrückt haben ... Dagegen kämpfen wir: ... gegen den Fluch der sogenannten Moral ..., der man göttliche Weihen verliehen hat, um den Schutz des Schwachen gegen den Starken sicherzustellen ... gegen die sogenannten Zehn Gebote eröffnen wir die Feindseligkeiten, die Tafeln vom Sinai haben ihre Gültigkeit verloren. Das Gewissen ist eine jüdische Erfindung. Es ist, wie die Beschneidung, eine Verstümmelung des Menschen.

Im Talmud steht: Als Gott den Juden die Zehn Gebote gab, kam der Haß in die Welt. Denn nicht nur am Berg Sinai war die göttliche Stimme zu hören, sie hallte in sämtlichen Winkeln der Erde wider. Alle Völker konnten seither wissen, welche Forderung an sie gerichtet war – eine Zumutung, die nie verziehen wurde. Hitler und die Seinen zogen daraus die Konsequenz. Sie wollten der Stimme vom Sinai die Kehle zertreten und wieder gesunde, blonde Heiden werden. Der deutsche Diktator «ließ Flugkörper bauen, die mit Bataven bemannt werden sollten», schrieb Abel J. Herzberg, ehemals jüdischer Häftling in Bergen-Belsen, als alles vorbei war. Die «ausgeklügeltsten Instrumente der Wissenschaft sollten von Kanninefaten bedient werden». Der Eindruck sei nicht von der Hand zu weisen, «daß der ganze Krieg nur deswegen geführt oder zumindest unvermeidlich wurde, weil Adolf Hitler so gerne aus Churchills Schädel Bier trinken wollte».

Indes bestand nicht die gesamte deutsche Bevölkerung der zwölf Nazi-Jahre aus Heiden. Jeden Morgen beteten katholische Mönche im Großdeutschen Reich: «Gepriesen sei der Herr, der Gott Israels!» Und während Juden nicht mehr auf Parkbänken sitzen durften, sangen sie: «Denn er hat sein Volk besucht und ihm Erlösung geschaffen.» Und während Hänschen Cohn und Grete Levi nach Auschwitz abgeholt wurden, lautete der vorgeschriebene Text: «Durch die barmherzige Liebe unseres Gottes wird uns besuchen das aufstrahlende Licht ..., um allen zu leuchten, die in Finsternis sitzen und im Schatten des Todes.» Aber Christen jüdischer Herkunft lieferte man (Sakrament hin, Taufe her) kalt an die Mörder aus. Papst Pius XII. spielte den Diplomaten und schwieg, als schon längst die Viehwaggons mit den Deportierten gen Osten rollten. Die heilige apostolische Kirche hat keinem SS-Offizier auch nur ein bißchen mit dem Höllenfeuer gedroht, geschweige, daß sie den Katholiken Hitler exkommuniziert hätte. Und erst heute, also leider sechzig Jahre zu spät, macht der Theologe Rudolf Pesch einen glänzenden Vorschlag: Warum, fragt er, haben die Geistlichen damals nicht allen Statuen von Maria, Joseph und Paulus den gelben Schandstern mit dem Wort JUDE angeheftet?

Mindestens viertausend Priester, Nonnen und Pastoren benötigten kein solches Happening, um zu begreifen: Der falsche Messias mit dem Chaplinbärtchen war ihr Feind. Sie widerstanden dem Versuch, das Christentum zum Komplizen seines eigenen Unterganges zu machen. Diese viertausend hatten mehr Angst vor der ewigen Verdammnis als vor den Nazis und gaben ihr Leben für die Heiligung des göttlichen Namens. In jüdischer Terminologie heißen sie Gerechte unter den Völkern der Erde.

Nationalsozialismus als Wiederkehr heidnischen Götterkults

Die neuen Heiden

Hat der Nationalsozialismus seine militärische Niederlage überlebt? Diese Frage bedeutet: Gibt es den Hitlerismus noch als Ideologie, nachdem er seine Macht verloren hat?

Das erste, was dem besorgten Zeitgenossen dazu einfällt, sind die neofaschistischen Parteien Europas. Gewiß wäre es töricht, die Bedrohung kleinzureden, die von ihnen ausgeht; und es ist widerwärtig, wenn sie – wie in Frankreich oder Österreich – von einem Viertel

der Bevölkerung gewählt werden. Politische Parteien
haben aber immerhin den Vorzug, daß sie sichtbar sind.
Gefährlicher ist jenes nationalsozialistische Gedanken-
gut, das im Verborgenen blüht – sei es in den Gärten
des New Age oder in den Gewächshäusern des weltan-
schaulichen Vegetarismus; sei es im diskreten Kult, den
radikale Tierschützer um unsere vierbeinigen Freunde
errichtet haben, oder in jenen feministischen Tempeln,
wo das Mutterunser gebetet wird und Juden uner-
wünscht sind.

Nein, der Nationalsozialismus hat nicht gesiegt.
Aber er hat sozusagen inkognito in Form von unpoliti-
schen Bewegungen überdauert. Er ist sanft und hand-
zahm geworden und blickt mit blauen Unschuldsaugen
in die Welt. Nur manchmal tritt er noch unter seinem
richtigen Namen auf und bleckt die Zähne. In Deutschland wurde binnen weniger Monate ein Buch zum
Kassenschlager, dessen Autor den Gott des Alten Testaments als bösen Außerirdischen entlarvte, der mit
seinem Wüstenvolk den «hebräischen Blutbund» geschlossen habe. Die Nazis hätten sich deswegen berufen gefühlt, «das jüdische Banken- und Logensystem
zu bekämpfen und das Lichtreich auf Erden zu schaffen». Ferner versichert der Autor dem Führer der
«Deutschen des Orients», Saddam Hussein, seine un-
bedingten Sympathien: Das Sozialsystem des Irak sei
«vorbildlich, die Arbeitsmoral hat mitteleuropäisches
Niveau». Nachdem der Verfasser uns noch verraten
hat, daß die Erde hohl ist und von Ariern aus dem Welt-
all bewohnt wird, schließt er mit der frommen Mahnung: «Dienst an den anderen, Liebe, Vergebung und
Freiheit sind der Weg, auf dem die Realität am besten
funktioniert.» Dieser antisemitische Schmarren fand

mehr als hunderttausend Käufer; dabei wurde er nur auf Esoterikmessen und in New-Age-Läden vertrieben. Wären nicht die deutschen Behörden eingeschritten, hätte das Pamphlet sich irgendwann zuverlässig auf der Bestsellerliste des *Spiegel* eingefunden.

Seit der Höllenfahrt des kommunistischen Himmelreichs auf Erden hat sich das neue Heidentum in Richtung Osten weiterverbreitet. Die Lenin-Statuen liegen – endlich! – auf dem Schrottplatz der Geschichte, aber schon stehen neue Götzenbilder auf ihren leeren Sokkeln. Die flotte journalistische Phrase von den Kreml-Astrologen ist auf einmal keine Metapher mehr. Rasputin hat heute Tausende Urenkel. Überall im ehemaligen Sowjetreich wird gependelt, gewahrsagt, durch Handauflegen geheilt, werden Verstorbene beschworen und Tische gerückt.

So kehren an der Schwelle zum einundzwanzigsten Jahrhundert die Götter zurück. Sie steigen aus fliegenden Untertassen. Sie senden aus anderen Dimensionen telepathische Nachrichten zur Erde. Sie bestimmen als Sternbilder über das Karma der Sterblichen. Sie fahren als mächtige Tiergeister in ihre Anhänger und verwandeln sie in Übermenschen. Ihnen zuliebe pilgern Schwärme von postmodernen Priesterinnen zu den Tempeln von Mexiko und den Kultstätten auf Kreta; ihnen zuliebe gibt es Selbsterfahrungsreisen zu den Pyramiden von Gizeh und zum Steinkreis von Stonehenge. Die heimliche – oder gar nicht so heimliche – Religion einer Mehrheit der Kontinentaleuropäer ist heute diffus neuheidnisch; sie besteht ungefähr zu gleichen Teilen aus gnostischen, pantheistischen und deistischen Elementen. (Gnostisch wäre diese Religion zu nennen, weil sie die Selbstvergottung des Menschen anstrebt; pan-

theistisch, weil sie den Kosmos wieder als beseelten, magischen Ort begreift; und deistisch, weil sie jede geschichtliche Dimension leugnet.) Hier sind ein paar Schnappschüsse, die ihre schillernden Facetten zeigen.

EDLE WILDE UND SCHAMANEN. New-Age-Fanatiker, die für die Naturvölker schwärmen, meinen die angebliche Harmonie der Stammesgemeinschaft. Wenn sie aber die Wunderkräfte der Medizinmänner preisen, meinen sie das Führerprinzip. Wer diese Behauptung für übertrieben hält, möge sich in die Bücher des Anthropologen Carlos Castaneda vertiefen. Diese Bestseller handeln von einem mexikanischen Zauberer namens Don Juan, der lehrt, daß zum Schamanen nur werden kann, wer sich ohne Vorbehalt einem Diktator – einem sogenannten Nagual – anvertraut. Der Autor predigt eine Art Vulgär-Nietzscheanismus, er schreibt: «Infolge all dieser Jahre auf dem Weg der Zauberer wußte ich ohne jeden Zweifel, daß es im Universum nur Energie gibt; das Böse ist nur eine Ausgeburt des menschlichen Denkens …» *et cetera ad nauseam*. Mit anderen Worten: Dem schamanischen Übermenschen ist alles erlaubt, die Normen der Normalsterblichen haben keine Bedeutung für ihn.

Don Juan ist ein Weltweiser, der sich so erlesen ausdrückt wie kaum ein Universitätsprofessor. Gibt es ihn wirklich, oder ist er der literarische Pappkamerad eines Zivilisationsmüden? Die Frage stellen heißt sie beantworten. Die Erleuchtungen, die Castaneda seinem Don Juan in den Mund legt, sind Plagiate – ein traniger Mischmasch aus Wittgenstein und falsch verstandenem Husserl und zen-buddhistischen Sprüchen. Das Destillat aus diesen Zutaten ist die Vernunftfeindlichkeit. Seit

dem ersten Don-Juan-Roman begleitet den Leser die
Forderung, er solle seinen «inneren Dialog» einstellen,
also mit einer Gewohnheit brechen, die man gemeinhin
als Denken bezeichnet. Bald erscheint die Ratio nur
noch als störendes Element, als Barriere. Sobald dieses
Hindernis überwunden ist, steht der Erlösung in der
Urhorde nichts mehr im Weg: Schamane befiehl, wir
folgen dir!

MAGNA MATER. In der Zeit, als das Wünschen noch ge-
holfen hat, wurden die Geschicke der Menschheit von
weisen Frauen gelenkt. Alle lebten solidarisch zusammen und verehrten gemeinsam die Große Göttin. Die
Religion kannte «kein Dogma» und «keine Moral-
lehre», sie befand sich «jenseits von Gut und Böse»,
und der einzelne galt nur, «was er im Gefüge des Stammes darzustellen in der Lage war». Angeblich soll diese
glückliche Ära mit der Zeit der Kelten identisch gewesen sein. Die «keltische Frau des Altertums», so wird
uns versichert, war ein «herrliches Geschöpf», und
«rotgoldenes Haar» wallte ihr über den Rücken, während sie ihr Heer in die Schlacht führte.

Daß die urige Idylle nicht ewig dauerte, ist die Schuld
der Juden. Dieses Volk verließ «die tolerante Weltanschauung seiner Mütter», es verriet die «alles durch-
dringende Liebe der matriarchalen Religion» und betete einen Männergott an, der seine Allmacht «auf
recht grausame Art» durchsetzte. Die hebräische Bibel,
so heißt es, sei voll von Aufrufen «zum Mord an Andersgläubigen». Deutsche Feministinnen reichern dieses schaurig-schöne antisemitische Märchen meist mit
einer pikanten Schlußfolgerung an. Danach war der
«mörderische Patriarchalismus des Alten Testaments»

vom «gleichen Geist beseelt» wie «die Ideologie derer,
die Juden umbrachten». Die jüdische Treue zum Gesetz
sei also im Grunde dasselbe wie der kriminelle Gehorsam deutscher Uniformierter. Auschwitz erscheint in
dieser Logik als verspätete Strafe dafür, daß die Juden
sich in grauer Vorzeit von der gütigen Magna Mater
abwandten.

Wie so manches Märchen, hat auch dieses einen wahren Kern. Es ist unbestreitbar richtig, daß der jüdische
Gott keine Frau ist. Ein Mann ist er allerdings auch
nicht: Er hat weder Gesicht, Alter, Geschlecht noch
Schuhgröße. Dieser unbegreifliche Gott steht ganz of-
fenkundig mit allen anderen Gottheiten (männlichen
wie weiblichen) auf dem Kriegsfuß. Falsch ist jedoch die
Behauptung, die den antiken Göttinnen gewidmeten
Kulte seien sonderlich friedfertig gewesen. Keine Män-
nerreligion hat so viele Menschenopfer verschlungen
wie Tiamat, Isis, Kybele, Astarte oder Demeter. – Wenn
das aber so ist, warum weinen Feministinnen dann jenen Monstren hinterher? Könnte es sein, daß sie dem
Nationalsozialismus im Hinterkopf heftige Sympathien
entgegenbringen? Vielleicht ahnen sie, daß unter der
blutigen Fahne mit dem Hakenkreuz ihre Utopie verwirklicht wurde: Mütter und junge Mädchen genossen
im «Dritten Reich» kultische Verehrung. Die Bonzen
der Nazi-Bewegung ahmten die Priester bronzezeit-
licher Göttinnen nach. Und die «Vorrrrrrrrrsehung»,
die Hitler in seinen Reden immer wieder beschwor, war
vielleicht niemand anders als Aschera, die Himmels-
königin.

DIE TOLLKÜHNEN GÖTTER IN IHREN FLIEGENDEN TASSEN.
Es gibt keinen Grund, die Ufo-Religion zu verachten.

Immerhin hängen ihr weltweit Millionen Gläubige
an, die nicht dümmer oder verblendeter sind als andere Menschen auch. Sie zeigen sich nur unerschütter-
lich davon überzeugt, daß Wesen von fremden Sternen
unter Mißachtung physikalischer Gesetze durch Zeit
und Raum reisen, um uns Erdenbewohner zu besuchen.

Freilich konnte der theologische Streit noch nicht
entschieden werden, was der Zweck solcher Himmels-
flüge sein mag. Vielleicht sind die fremden Gottheiten
gut: kleine grüne Heinzelmännchen, die uns helfen,
ohne daß wir etwas davon merken würden. Aber am
Ende sind sie böse? Dafür spräche ihre Angewohnheit,
sich wie kosmische Dr. Mengeles aufzuführen. Immer
wieder quälen sie ausgesuchte Opfer mit medizinischen
Experimenten. Womöglich sind die Fremden aber auch
vollkommen indifferent? Andernfalls wären sie ja wohl
längst neben dem Weißen Haus gelandet, um die
Menschheit via CNN über ihre Absichten zu unterrich-
ten.

Die Anhänger der Ufo-Religion verbindet eine ausge-
prägte Neigung zu Verschwörungstheorien. Ihr Mekka
ist eine amerikanische Kleinstadt namens Roswell:
Hier soll nach dem Zweiten Weltkrieg eine fliegende
Untertasse zu Bruch gegangen sein. Seither sei ein gi-
gantisches Komplott von CIA, FBI, KGB, amerikanischen Generälen, Präsidenten und den Weisen von
Zion damit beschäftigt, die «Wahrheit über Roswell»
zu vertuschen. So gerät die Ufo-Religion in den aufregenden Ruch, wider den Stachel des politischen Esta-
blishment zu löcken. Der Austausch von Reliquien gewinnt vor diesem Hintergrund subversive Bedeutung:
Auf jedem Ufo-Kongreß werden nichtssagend-vieldeu-

tige Fotos gezeigt, außerirdische Metallsplitter herumgereicht und Filme bestaunt, auf denen Schattengestalten großäugige Aliens tranchieren. All diesen Reliquien fehlt die metaphysische Aura. Sie strahlen im heiligen Glanz der Nüchternheit. Wie die antike Gnosis hat die Ufo-Gläubigkeit den Anspruch, mehr zu sein als ein Glaube – nämlich Erkenntnis. Daß sie im weißen Kittel der Wissenschaft daherkommt, macht den Reiz dieser neuen Heilsdoktrin aus.

NATURA NATURANS. Die größte aller heutigen Gottheiten ist die Natur. Ihr zu Ehren werden Klimastatistiken gefälscht, Umweltsünder mit sozialer Ächtung bestraft und manchmal sogar Tankstellen angezündet. Die Priester dieses Gottes sind die wasserdichten Schlauchboot-Helden von Greenpeace, die in der Affäre um die Ölbohrplattform «Brent Spar» gezeigt haben, wozu sie imstande sind. Immerhin ist es ihnen damals gelungen, die europäische Medienöffentlichkeit zu manipulieren und der frei gewählten Regierung Großbritanniens ihren Willen aufzunötigen. Am Ende wurde die «Brent Spar» nicht auf hoher See versenkt, sondern mußte an Land zerlegt werden. Als sich herausstellte, daß Greenpeace die allgemeine Hysterie unter Zuhilfenahme frei erfundener Katastrophendaten geschürt hatte, schadete das den Öko-Priestern nicht im mindesten. Daß sie so demokratisch organisiert sind wie eine maoistische Kaderpartei, wird ihnen ebenfalls großzügig nachgesehen.

Der Ökologismus hat gute Aussichten, zur neuen Staatsreligion zu werden; wenn er es nicht längst geworden ist. Ein ganzes Volk läßt sich verdonnern, grüne, braune und weiße Flaschen zu sortieren, Zeitungen,

Blech und Plastiktüten auseinanderzuklauben und Biotonnen aufzustellen – dies, obwohl jeder weiß, daß das Altpapier meist nur zum Verrotten gut ist, das Weißglas sowieso mit dem Buntglas im selben Schmerzofen landet und Plastik gar nicht recycelt werden kann. Wie nennen wir eine Handlung, die neurotisch zwanghaft wiederholt wird, ohne daß sich ein vernünftiger Grund für sie angeben ließe? Es handelt sich um ein Ritual. Nun ist gegen Rituale im allgemeinen ja gar nichts einzuwenden (siehe oben). Die Frage ist nur, was durch dieses im besonderen mitgeteilt werden soll. Das Mülltrennungsritual mag kompliziert erscheinen, die von ihm ausgesandte Botschaft ist es nicht. Sie lautet einfach: Ich mache mit. – Ich gehöre dazu. – Ich bin einer von den Guten. – Daß sich hierin totalitäre Mentalität offenbart, versteht sich von selbst: Das deutsche Müllritual ist das Fundament einer neuen Volksgemeinschaft.

«Wenn diese neuen Heiden doch nur alte Heiden wären», seufzte Gilbert Keith Chesterton, «dann wären sie ein bißchen klüger. Die alten Heiden wußten, daß die rohe, nackte Naturanbetung auch eine grausame Seite hat.»

Die neuen Christen

Die grün-esoterischen Natur- und Katastrophengötter haben die sinnliche Evidenz und alle Plausibilität auf ihrer Seite. Man muß nicht über okkulte Fähigkeiten verfügen, um zu sehen, daß ihre Macht weiter zunehmen wird. Der Gott Abrahams, Isaaks und Jakobs (und des Apostels Paulus) sieht dagegen ziemlich alt aus. Auch seine eigene Lobby läßt ihn immer mehr im Stich.

Längst hat sich innerhalb der verschiedenen Kirchen ein Glaube herausgebildet, der mit den traditionellen Inhalten nichts mehr zu tun hat. Der berühmte Befreiungstheologe Leonardo Boff etwa möchte den Schamanen wecken, «der seit Jahrhunderten in uns schläft», und betet neuerdings Bäume an: «Ich fühlte eine wohltuende Energie vom Himmel herabkommen und von der Erde aufsteigen und mein ganzes Sein mit Kraft erfüllen ... Ich war zu purer kosmischer, vitaler Energie geworden ... Ich war der Baum.»

Die logische Konsequenz aus dem katastrophalen Versagen der Nazi-Zeit wäre gewesen, wenn die Kirchen sich stur auf das Eigene und Eigentliche besonnen hätten. Es gibt keinen Frieden mit Belial und seinem Reich, heißt es bei Augustinus. Doch in christlichen Gotteshäusern ist immer weniger von solch komplizierten Themen wie Sünde, Buße und Vergebung die Rede. Statt dessen öffnet man sich astrologischen Einflüssen, zündet Räucherstäbchen an, meditiert, lädt Hindu-Prediger ein und lernt von den diversen Psycho-Sekten. In Gestalt des innigst geliebten deutschen Theologen, des antisemitischen Fernsehpredigers Eugen Drewermann, ist diese Tendenz gleichsam Fleisch geworden.

Was die Juden längst hinter sich haben, das erfüllt sich offenbar jetzt an den Christen:

Zu dieser Zeit waren in Israel böse Leute, die überredeten das Volk und sprachen: Laßt uns einen Bund machen mit den Völkern umher, und ihre Gottesdienste annehmen; denn wir haben viel leiden müssen seit der Zeit, da wir uns von den Heidenvölkern abgesondert haben.

Wird die christliche Religion also stumm und ohne
allzu viele Blasen zu schlagen im neuheidnischen Sumpf
versinken? Mag sein. Vielleicht aber auch nicht. Immerhin gibt es ja noch Kardinal Ratzinger, den Präfek-
ten der Glaubenskongregation im Vatikan.

Dieser ungewöhnliche Würdenträger hat einen
Traum ohne alle Illusionen. Er ahnt dunkel, daß das
Zeitalter der Volkskirche passé ist: Das Christentum,
meint er, stelle viel zu hohe Ansprüche, als daß es noch
zur Massenreligion taugen könnte. Der Kardinal pro-
phezeit deswegen, daß uns eine «neue Epoche der Kirchengeschichte» bevorstehe. Nicht im Mainstream
werde der katholische Glaube überleben, sondern nur
gegen ihn: Künftig werde sich das Christentum «in
scheinbar bedeutungslosen, geringen Gruppen» mani-
festieren. Sogar katholische Kibbuzim in Europa kann
sich der Kirchenfürst vorstellen. Geht der Vatikan bald
in den Untergrund?

Des Papstes Chefideologe will offenbar, daß die tra-
ditionsreiche Kirche, der er angehört, ein Ärgernis
bleibt: ein Skandalon, ein Stolperstein. Der Mann, der
für die Auslegung und Verteidigung der kirchlichen
Lehre zuständig ist, möchte mit den Heiden lieber keine
Kompromisse schließen. Die Vergöttlichung des Kosmos, wie sie von den New-Age-Esoterikern betrieben
werde, richte sich gegen das Christentum; und der Kult
der Mutter Erde sei unvereinbar mit dem Glauben an
den biblischen Gott. Der Topmanager weigert sich also,
das Firmenangebot durch eine Erweiterung der Pro-
duktpalette für breitere Käuferschichten attraktiv zu
machen. Er will keine *ecclesia triumphans*, wie sie auf
dem Straßburger Münster zu sehen ist, sondern eine
Kirche der Unscheinbarkeit. Kleine Oasen in der Wü-

ste, deren Bewohner geradezu biblisch verstockt sind gegenüber dem breitgefächerten Angebot an psychologischen und anderen Erlösungslehren.

Aus welcher gemeinsamen Quelle soll sich die Religiosität dieser verstreuten Christenmenschen speisen? Die Antwort mag manchen überraschen: aus dem Judentum. «Der Stern zeigt auf Jerusalem», sagt Joseph Ratzinger. «Er erlischt und geht neu auf im Wort Gottes, in der Heiligen Schrift Israels.» Wem aber gehört die hebräische Bibel? Verfügen die Juden, die das Copyright für sie innehaben, auch über die exklusiven Distributionsrechte? Ratzinger spricht über das umstrittene Buch ohne falschen Besitzanspruch, er meint: «... wir müssen neu lernen, es recht zu lesen.» Ein großer, schlichter Satz. Zur Zeit der spanischen Inquisition wäre der Kardinal dafür als sogenannter judaisierender Ketzer auf dem Scheiterhaufen gelandet.

Womöglich ist dieser Joseph Ratzinger ein Esra, der das katholische Gottesvolk von den Völkern der Länder scheidet ob ihrer Greuel. Ja, er polarisiert; er teilt ein, und er teilt aus. Er sagt: Diese da gehören nicht zu uns, und jene dort wohl (auch wenn sie es selber gar nicht wissen). Er macht es wie die Bischöfe im Mittelalter, als der Mob anrückte und nach dem Blut der Juden schrie: Er verschließt die Palasttore. Als Vorbilder nennt er Thomas Morus, der seinen Glaubensmut mit dem Leben bezahlte; Kardinal Newman, der vom Anglikaner zum Katholiken wurde; und den Protestanten Dietrich Bonhoeffer, der den Nazis bis zum bitteren Ende widerstand. Auf die Frage aber, wie viele Wege zu Gott führen, reagiert der Kardinal mit verblüffender Nonchalance: «So viele», sagt er, «wie es Menschen gibt.»

Coda: Rest dieses Volkes

Ein angenehmer Spaziergang führt vom Hinnomtal hoch zum Tempelberg in Jerusalem. Unten ist es grün und still und wunderbar friedlich: Pferde grasen neben Ölbäumen, hin und wieder kreischt ein Esel wie eine verrostete Wasserpumpe. Am schönsten überblickt der Besucher diese Idylle von der Terrasse der «Cinematheque», wo er Rotwein von den Golanhöhen trinken kann, um sich anschließend alte Filme zu Gemüte zu führen. In biblischer Zeit aber wohnte hier unten im Hinnomtal das Grauen.

Dies ist der Ort: Hier hurten die Israeliten mit den fremden Göttern, hier brachten sie dem Moloch und den Baalim ihre Nachkommen dar. Hier wurde geknebelt und gefesselt und auf Holzstöße gebunden, und die Luft war schwer vom süßlichen Rauch. «Denn die Kinder Juda haben getan, was böse ist vor meinen Augen», schrie der Prophet Jeremia mit der Stimme des Einen Gottes. «Und sie haben die Höhen des Thopheth im Tal Ben-Hinnom erbaut, daß sie ihre Söhne und Töchter im Feuer verbrennen, was ich ihnen nicht geboten, noch ist es in meinem Herzen gewesen. Darum siehe, es kommt die Zeit, ist der Spruch des Herrn, daß man's nicht mehr heißen soll Thopheth und das Tal Ben-Hinnom, sondern Würgetal.» Aus dem Namen «Hinnom» leitet sich im Hebräischen das Wort *ge-hinnom* ab. Es bedeutet: Hades. Unterwelt. Schattenreich. Hölle.

Und von hier unten ist es nur eine lässige Viertelstunde bis zum Tempelberg. Dort oben schlug blutig das Herz Jerusalems, dort wurden im Heiligtum nur die erlaubten, koscheren, die Tieropfer geschlachtet: Lämmlein und Zicklein am achten Tag nach der Ge-

burt. Der jüdischen Überlieferung nach ist der Tempelberg aber kein anderer als eben genau jener Berg in Morija, auf dem Gott zusah, daß Abraham seinem Sohn
Isaak zum zweiten Mal das Leben schenkte.

Es war immer nur ein unscheinbarer Rest, der die
Zehn Gebote gegen den Hohn und Haß der übrigen
Welt hochgehalten hat. Die meisten liefen im Tale Ben-
Hinnom den heidnischen Greueln nach. Sie vergaßen
die Thora und wollten sein wie die Kulturvölker rings-
herum, die den Gestirnen ihr Liebstes opferten. Es wäre
falsch, diese Abtrünnigen allzu streng zu verurteilen,
denn manche Unterschiede sind mit freiem Auge kaum
zu erkennen, vor allem, wenn beißender Rauch sie ver-
nebelt: Ist Opfer nicht gleich Opfer? Kann man nicht
auch aus dem Gott Abrahams einen heidnischen Dämon machen? Werden Gottesdienst und Götzendienst
nicht vom selben religiösen Gefühl befeuert, von derselben leidenschaftlichen Hingabe? Was heißt hier schon
Heidentum – und was Monotheismus? Die Kluft zwischen beidem, die *différence*, diese kostbare Zäsur, die
um jeden Preis verteidigt werden muß, ist in Wahrheit
nur eine Haaresbreite.

Wirklich und metaphorisch liegt das Hinnomtal vom
Tempelberg nur einen Steinwurf entfernt. Aber diese
Nuance wiegt mehr als die vergleichsweise uninteres-
sante Frage, ob es Gott überhaupt gibt: Kann sein, der
Herr der Heerscharen ist so erhaben, so unbegreiflich
und vollkommen, daß er es gar nicht nötig hat zu existieren. Und vielleicht beweist er seine Allmacht täglich
neu durch die Zurückhaltung, mit der er die Bosheit
unter der Sonne gewähren läßt, statt vom Himmel her-
abzufahren und sie zu bekämpfen. Seit Gott nicht mehr
persönlich in die Geschichte eingreift, hat er keine an-

deren Hände als die unseren – und die sind schwach
und blutbefleckt.

Nur eine Haaresbreite liegt zwischen dem Heidentum und dem Monotheismus. Aber auch, was Tag und
Nacht voneinander trennt, ist genaugenommen nur
eine Nuance. Es werde Licht! sprach Gott am Anfang.
Und es ward Licht: ein vages, trübes, fernes Leuchten.
Mehr Kerze als Scheinwerfer. Mehr Irrlicht als Glorienschein. Manchmal halten wir dieses Flackern für so un-
bedeutend, daß wir es kaum noch sehen – daß wir es
geringschätzen zwischen Finsternis und Finsternis.

Anhang

Bücher

Heilige Schriften

Jüdische:

Thora, Nevi'im, K'tuwim. The Jerusalem Bible. Jerusalem 1989.
Die Heilige Schrift. Nach dem massoretischen Text übersetzt von Leopold Zunz. Basel 1995.
Talmud Bawli. Wilnaer Ausgabe. Reprint Jerusalem 1981. Sechs Bände.
Joseph CARO: *Schulchan Aruch*. Jerusalem 1961. Drei Bände.
Simon HIRSCHHORN: *Tora, wer wird dich nun erheben?* Pijutim Mimagenza: Religiöse Dichtungen der Juden im mittelalterlichen Mainz. Gerlingen 1995.
Mose ben MAIMON (Maimonides): *Führer der Unschlüssigen*. Zwei Bände. Hamburg 1972.
PHILO von Alexandrien: *Die Werke in deutscher Übersetzung*. Band VII. Berlin 1964.

Christliche:

H. Καινη Διαθηκη/*Novum Testamentum/Das Neue Testament/The New Testament*. Zürich 1981.
Biblia/das ist/die gantze Heilige Schrifft Deudsch. Übersetzt von Martin Luther. Frankfurt am Main 1993.
Online Bible. Macintosh Version 2.5.2. 1996.

Andere:

Die Bhagavadgita. In der Übertragung von Sri Aurobindo. Freiburg im Breisgau 1992.

Die Bhagavadgita. Aus dem Sanskrit übersetzt von Klaus Mylius. Wiesbaden o. J.

Die Gesetze des Manu. Aus dem Sanskrit übersetzt von Johannes Chr. Hüttner, bearbeitet von Renate Preuß. Husum 1981.

Der Koran. Übertragen von Lazarus Goldschmidt. Wiesbaden 1993.

Der Koran. Aus dem Arabischen übersetzt von Max Henning. Stuttgart 1993.

Unheilige Schriften

Elizabeth Anscombe: «War and Murder». In: Richard A. E. WASSERSTROM (Herausgeber): *War and Morality.* Belmont 1970.

Erich AUERBACH: *Mimesis.* Dargestellte Wirklichkeit in der abendländischen Literatur. Tübingen und Basel 1994.

Paul Badde: «Die Wenzelsbibel». *FAZ-Magazin,* 23. 3. 1989.

Paul Badde: «Tora und Koran oder Israel und Ismael». Unveröffentlichtes Manuskript, München 1991.

Klaus BERGER: *Theologiegeschichte des Urchristentums.* Tübingen und Basel 1995.

Klaus BERGER: *Gottes einziger Ölbaum.* Betrachtungen zum Römerbrief. Stuttgart 1997.

Barbara BEUYS: *Heimat und Hölle.* Jüdisches Leben in Europa durch zwei Jahrtausende. Reinbek 1996.

Bruno BLECKMANN: *Konstantin der Große.* Reinbek 1996.

Leonardo Boff: «Den Baum umarmen ... und streicheln und eine kosmische Ehe mit ihm feiern». *Publik Forum* 1, 14. Januar 1997, S. 58 f.

Lewis BROAD: *Winston Churchill.* Ein politisches Lebensbild. Band II: 1919–1945. Zürich 1946.

Micha BRUMLIK: *Die Gnostiker.* Der Traum von der Selbsterlösung des Menschen. Frankfurt am Main 1995.

Johannes von BUTTLAR: *Sie kommen von fremden Sternen.* Intelligenzen im All. München 1988.

Carlos CASTANEDA: *Die Kunst des Träumens.* Frankfurt am Main 1994.

Gilbert Keith CHESTERTON: *The Innocence of Father Brown.* Harmondsworth 1974.

Manfred CLAUSS: *Konstantin der Große und seine Zeit.* München 1996.

Hermann COHEN: *Religion der Vernunft aus den Quellen des Judentums.* Eine jüdische Religionsphilosophie. Wiesbaden 1995.

Norman COHN: *The Pursuit of the Millenium.* Revolutionary Millenarians and Mystical Anarchists of the Middle Ages. New York 1970.

Martin van CREVELD: *The Transformation of War.* New York 1991.

Gordon DOBSON: *Exploring the Atmosphere.* Oxford 1963.

Mary DOUGLAS: *Ritual, Tabu und Körpersymbolik.* Sozialanthropologische Studien in Industriegesellschaft und Stammeskultur. Frankfurt am Main 1986.

Mircea ELIADE: *Schamanismus und archaische Ekstasetechniken.* Frankfurt am Main 1994.

Hans Magnus ENZENSBERGER: *Aussichten auf den Bürgerkrieg.* Frankfurt am Main 1996.

Antonia FRASER: *Cromwell: Our Chief of Men.* London 1995.

Sigmund FREUD: *Der Mann Moses und die monotheistische Religion.* Schriften über die Religion. Frankfurt am Main 1989.

François FURET: *1789 – Jenseits des Mythos.* Hamburg 1989.

André GLUCKSMANN: *Krieg um den Frieden.* Stuttgart 1996.

Nicholas GOODRICK-CLARKE: *The Occult Roots of Nazism.* Secret Cults and their Influence on Nazi Ideology. London 1992.

Reimer GRONEMEYER: *Wozu noch Kirche?* Berlin 1995.

Elizabeth GOULD DAVIES: *Am Anfang war die Frau.* Die neue

Zivilisationsgeschichte aus weiblicher Sicht. Berlin und Frankfurt am Main 1990.

Heinrich HEINE: *Werke 1*. Gedichte. Frankfurt am Main 1968.

Heinrich HEINE: *Werke 4*. Schriften über Deutschland. Frankfurt am Main 1968.

Gunnar HEINSOHN/Otto STEIGER: *Die Vernichtung der weisen Frauen*. Hexenverfolgung, Kinderwelten, Bevölkerungswissenschaft, Menschenproduktion. München 1989.

Gunnar HEINSOHN: *Warum Auschwitz?* Hitlers Plan und die Ratlosigkeit der Nachwelt. Reinbek 1995.

Gunnar HEINSOHN: *Die Erschaffung der Götter*. Das Opfer als Ursprung der Religion. Berlin 1997.

Gunnar Heinsohn: «Anfang und Ende des Klimawahns». *Leviathan*, Heft 4, 1996, S. 445–456.

Jan van HELSING (das ist: Jan Udo HOLEY): *Geheimgesellschaften und ihre Macht im 20. Jahrhundert* oder Wie man die Welt nicht regiert. Ein Wegweiser durch die Verstrickungen von Logentum mit Hochfinanz und Politik. Gran Canaria 1995.

Jan van HELSING: *Geheimgesellschaften 2*. Interview mit Jan van Helsing. Gran Canaria 1995.

Abel J. HERZBERG: «Amor Fati. Schicksalstreue. Sieben Aufsätze über Bergen-Belsen». *Erev-Rav-Hefte*, Nr. 2, S. 95–101.

Christopher HILL: *The English Bible and the Seventeenth-Century Revolution*. Harmondsworth 1994.

Heinrich Himmler: «Rede auf dem Reichsbauerntag in Goslar am 12. November 1935 über die Schutzstaffel als antibolschewistische Kampforganisation». In: Hans-Jochen GAMM: *Führung und Verführung – Pädagogik des Nationalsozialismus*. Wiesbaden 1964.

D. A. Johnston: «Volcanic Contribution of Chlorine to the Stratosphere: More significant to Ozone than previously estimated?» *Science*, 25. 7. 1980, S. 491–493.

H. Kanzawa/S. Kawaguchi: «Large Stratospheric Sudden Warming in Antarctic Late Winter and Shallow Ozone Hole in 1988». *Geophysical Research Letters*, 17/1, January 1990. S. 77–80.

John KEEGAN: *A History of Warfare*. London 1993.

Benedicta Maria KEMPNER: *Priester vor Hitlers Tribunalen*. München 1967.

Søren KIERKEGAARD: *Furcht und Zittern*. Hamburg 1992.

Gerd KOEHNEN: *Die großen Gesänge*. Führerkulte und Heldenmythen des 20. Jahrhunderts. Frankfurt am Main 1991.

Siegfried KOHLHAMMER: *Die Feinde und die Freunde des Islam*. Göttingen 1996.

Charlotte KOHN-LEY/Ilse KOROTIN (Herausgeber): *Der feministische «Sündenfall»?* Antisemitische Vorurteile in der Frauenbewegung. Wien 1994.

Daniel Krochmalnik: «Wann kommt endlich der Messias?» *Der Landesverband der israelitischen Kultusgemeinden in Bayern*, Nr. 58, Mai 1993, S. 23–26.

Paul de LAGARDE: *Deutsche Schriften*. Göttingen 1903.

Karl LOEWENSTEIN: *Der britische Parlamentarismus*. Entstehung und Gestalt. Reinbek 1964.

Alfred LORENZER: *Das Konzil der Buchhalter*. Die Zerstörung der Sinnlichkeit. Eine Religionskritik. Frankfurt am Main 1992.

Christina LUTTER/Helmut REIMITZ (Herausgeber): *Römer und Barbaren*. Ein Lesebuch zur deutschen Geschichte von der Spätantike bis 800. München 1997.

Michael MAURER (Herausgeber): *O Britannien, von deiner Freiheit einen Hut voll*. Deutsche Reiseberichte des 18. Jahrhunderts. Leipzig und Weimar 1992.

Dirk Maxeiner: «Die Launen der Sonne». *Die Zeit*, 25. Juli 1997.

John MILTON: *Prose Writings*. London 1974.

Alan Mittleman: «Purim-Spiel, Esther-Ethik. Eine Nachbetrachtung». Unveröffentlichtes Manuskript, Bonn 1991.

George L. MOSSE: *Die völkische Revolution*. Über die geistigen Wurzeln des Nationalsozialismus. Frankfurt am Main 1991.

Jacob NEEDLEMAN: *The New Religions*. New York 1977.

Friedrich NIETZSCHE: *Der Antichrist*. Versuch einer Kritik des Christentums. Frankfurt am Main 1986.

Friedrich NIETZSCHE: *Morgenröte/Idyllen aus Messina/Die fröhliche Wissenschaft*. München 1988.

George ORWELL: *Collected Essays, Journalism and Letters 2: My Country Right or Left*. Harmondsworth 1984.

Walker PERCY: *The Message in the Bottle. How Queer Man Is, How Queer Language Is, and What One Has to Do with the Other*. New York 1992.

Léon POLIAKOV: *Der arische Mythos*. Zu den Quellen von Rassismus und Nationalismus. Hamburg 1993.

Karl POPPER: *Die offene Gesellschaft und ihre Feinde*. Zwei Bände. Band 1: *Der Zauber Platons*. Bern 1957. Band 2: *Falsche Propheten*. Bern 1958.

Karl Popper: «Kriege führen für den Frieden». *Der Spiegel* 13/1992.

Hanns J. PREM: *Die Azteken*. Geschichte, Kultur, Religion. München 1996.

Joseph RATZINGER: *Einführung in das Christentum*. Vorlesungen über das Apostolische Glaubensbekenntnis. München 1968.

Joseph Kardinal RATZINGER: *Salz der Erde*. Christentum und katholische Kirche an der Jahrtausendwende. Ein Gespräch mit Peter Seewald. Stuttgart 1996.

Franz ROSENZWEIG: *Der Stern der Erlösung*. Gesammelte Schriften II. Haag 1976.

Jean-Jacques ROUSSEAU: *Vom Gesellschaftsvertrag* oder Grundlagen des politischen Rechts. Frankfurt am Main 1996.

E. P. SANDERS: *Paulus*. Eine Einführung. Stuttgart 1995.

Arthur SCHOPENHAUER: *Parerga und Paralipomena: Kleine philosophische Schriften II*. Sämtliche Werke, Band V. Frankfurt am Main 1986.

Carl SCHMITT: *Die geistesgeschichtliche Lage des heutigen Parlamentarismus*. Berlin 1969 (unveränderter Nachdruck von 1926).

Luise Schrottroff: «Wie berechtigt ist die feministische Kritik an Paulus? Paulus und die ersten christlichen Gemeinden im Römischen Reich». *Einwürfe* 2, München 1985, S. 94–110.

Martha SILLS-FUCHS: *Wiederkehr der Kelten.* München 1986.

Alan SIMPSON: *Puritanim in Old and New England.* Chicago 1955.

Julian L. SIMON: *Population Matters.* People, Ressources, Environment and Immigration. New Brunswick 1990.

Julian L. Simon: «Mehr Menschen, größerer Wohlstand, mehr Ressourcen, gesündere Umwelt». In: Hans THOMAS (Herausgeber): *Bevölkerung – Entwicklung – Umwelt.* Herford 1995, S. 291–314.

Jacob TAUBES: *Die Politische Theologie des Paulus.* München 1993.

Max Weber: «Die protestantische Ethik und der Geist des Kapitalismus». In: Johannes WINCKELMANN (Herausgeber): *Die protestantische Ethik.* Eine Aufsatzsammlung. Gütersloh 1979.

Nachweise

Götterlästerung

Seite 16/ *Doch irgendwann – genauer, zu Beginn der Bronzezeit – reichten die schamanischen Zauberkräfte ...*: vgl. Heinsohn, Götter, S. 21.

Seite 16/ *So war es noch bei den Azteken, die in Mexiko ...*: vgl. Prem, S. 53 f.

Seite 16/ *Die Azteken entwickelten eine verfeinerte und äußerst humane Art der Kriegsführung ...*: vgl. Keegan, S. 110 f.

Seite 16/ *Wer den aztekischen Truppen in die Hände fiel, war, wenn er Glück hatte ...*: vgl. ebenda, S. 111–113.

Seite 17/ *Nein, Menschenopfer waren gerade das Charakteristikum ...*: vgl. Heinsohn, Götter, S. 47.

Seite 18/ *Die Bibel beginnt mit einer Blasphemie ...*: vgl. Badde, Wenzelsbibel.

Seite 19f./ *«Ich will die Erde nicht mehr verfluchen ... Sommer und Winter, Tag und Nacht»*: 1. Mose 8, 21–22.

Seite 20/ *Die sieben noachidischen Gesetze:* Talmud, Traktat Sanhedria 56 a.

Seite 21/ *Im neuzeitlichen Europa wurde der Gottesbund mit Noah zum Kern ...*: vgl. Cohen, S. 143.

Seite 23/ *«Abraham kann ich nicht verstehen ... nur bewundern»*: Kierkegaard, S. 105.

Seite 23/ *«... teleologische Suspension der Ethik ...»*: ebenda, S. 61.

Seite 24/ *Sogar in Rom wurden sie erst im Jahre 97 vor Christus verboten*: vgl. Heinsohn, Götter, S. 125.

Seite 24 / «*Lege deine Hand ... und tu ihm nicht das geringste*»:
1. Mose 22, 12.

Seite 25 / «*Aus allen Geschlechtern auf Erden ... all eure Missetaten*»: Amos 3, 2.

Seite 26 / «*Als nun der dritte Tag kam und es Morgen war ...
Gott antwortete ihm im Donner*»: 2. Mose 19, 16–19.

Seite 27f. / «*Ich bin der Herr, dein Gott ... noch alles, was dein
Nächster hat*»: 2. Mose 20, 2–14.

Seite 29 / *Dies sei nur über Negationen möglich:* vgl. Maimonides, Führer der Unschlüssigen I, S. 196.

Seite 29 / *Nach und nach, so Maimonides, müsse geleugnet werden, daß Gott Eigenschaften besitze, die ...:* vgl. ebenda,
S. 170–191.

Seite 29 / *Und auch dieser Satz bröckelt, wenn wir ihn genauer
analysieren:* vgl. ebenda, S. 193–195.

Seite 30 / «*Ein Mann sollte sich am Morgen ... Gott zu dienen*»:
Schulchan Aruch, S. 3.

Moses מֹשֶׁה

Seite 37 / «*Man wird ihn nicht beklagen ... hinausgeworfen vor
die Tore Jerusalems*»: Jeremia 22, 18–19.

Seite 37 / «*Höret dies Wort, ihr fetten Kühe ... Nachkommen
mit Fischhaken*»: Amos 4, 1–2.

Seite 37 / «*Der arme Bettler Odysseus ist nur verkleidet ... Abbild der Größe Gottes*»: Auerbach, S. 21.

Seite 38 / *Wenigstens in dieser Hinsicht setzen die christlichen
Schriften ...:* vgl. ebenda, S. 44 f.

Seite 39 / «*... Sanftmut, Höflichkeit, Mäßigung und Keuschheit ... daß die Europäer ihnen dagegen oft als ... Trunkene
und Rasende erscheinen*»: nach Poliakov, S. 212 f.

Seite 39 / «*... sämtliche Nationen der Erde ... den ersten Wohnplatz bereitet*»: nach ebenda, S. 212.

Seite 39 / «*... den Mörder Moses ... das eingeschlichene, unflä-

tige ... Judenvolk ... Möge jedes Volk, das sich einen Gott hält ... rechtzeitig seinen Nebukadnezar finden»: Schopenhauer, S. 421 f.

Seite 40 / «*... überaus milden Charakter ... ihrer Natur nach tolerant*»: ebenda, S. 423.

Seite 41 / «*unablässig verehren, denn sie sind etwas überschwenglich Göttliches*»: Die Gesetze des Manu IX, 319.

Seite 42 / «*Die Wohnung eines Chandalah ... dies ist eine festgesetzte Regel*»: Die Gesetze des Manu X, 51–55.

Seite 43 f. / «*... sehr gesunde Ansichten ... verknüpfte sein politisches System einheitlich ... in diesem Sinne gut*»: Rousseau, S. 176.

Seite 44 / *... seine Macht erweist sich ... einzig in der Freiheit zur Willkürtat:* vgl. Rosenzweig, S. 130 f.

Seite 45 / «*Trotz des heftig und hochmütig vorangetragenen Gedankens der Einheit Gottes ... monistisches Heidentum*»: ebenda, S. 137.

Seite 45 / «*Im Unterschied zum jüdischen Offenbarungsverständnis ... hält er das himmlische Wort Gottes für alle Zeiten fest*»: Badde, Tora.

Seite 47 / «*Bis hin zum Neuen Testament ... kritischen Kommentar der früheren und eigenen Geschichte verstehen*»: ebenda.

Seite 50 / «*Wo du hingehst, da will auch ich hingehen ...*»: Ruth 1, 16.

Saulus שָׁאוּל

Seite 53 / «*... seinen Sohn in mir offenbarte*»: Galater 1, 16.

Seite 54 / «*... einer aus dem Volk von Israel, des Geschlechts Benjamin, ein Hebräer von Hebräern und nach dem Gesetz ein Pharisäer*»: Philipper 3, 5.

Seite 56 / «*... voll Glut und Feuer, Leidenschaft ... und Furcht und Zittern*»: Sanders, S. 16.

Seite 56/ «... *berufen durch seine Gnade*»: Galater 1, 15.

Seite 56f./ «*Ich kannte dich ... und setzte dich ein als Propheten für die Völker*»: Jeremia 1, 5.

Seite 57/ *Die Apostelgeschichte will uns allen Ernstes glauben machen* ...: vgl. Apostelgeschichte 17, 17.

Seite 57/ ... *ein Szenario, das der Religionsphilosoph Jacob Taubes entworfen hat:* vgl. Taubes, S. 31 f.

Seite 58/ ... *we-ehemin ba-haschem wajachschebeha lo zedaka:* 1. Mose 15, 6.

Seite 59/ «*Sollen sie doch gleich das ganze Ding abschneiden*»: Galater 5, 12.

Seite 60/ «*Du trennst, indem du die Mühle antreibst ... unsere und angelische Speise*»: nach Taubes, S. 56.

Seite 60/ «*Ohne die Verwirrungen und Stürme eines solchen Kopfes* ...»: Nietzsche, Morgenröte, S. 65.

Seite 60/ «... *mit dem Logiker-Zynismus eines Rabbiners* ...»: Nietzsche, Antichrist, S. 78.

Seite 60/ «... *Tschandala-Haß* ...»: ebenda, S. 117.

Seite 60/ «... *Entnatürlichung der Natur-Werte* ...»: S. 44.

Seite 60/ «... *Genie im Haß* ...»: S. 74.

Seite 60/ «... *das verhängnisvollste Volk der Weltgeschichte; in ihrer Nachwirkung haben sie die Welt dermaßen falsch gemacht* ...»: S. 43.

Seite 61/ «*Paulus hat uns das alte Testament ... für ein von Gott gesandtes Evangelium hielt*»: Lagarde, S. 57.

Seite 61/ «... *leidenschaftlich antifeministische Tradition des Judentums* ...»: nach Schrottroff, S. 99.

Seite 62/ *Zwar hatten die Menschen ihren Erlöser getötet, aber Gottes Güte war unbegreiflich und schrankenlos* ...: vgl. Berger, Ölbaum, S. 62.

Seite 62f./ «*Ich habe einen sehr guten Freund, jetzt ist er Bischof ... (Ich konnte ihn beruhigen: bei mir ist er drin.)*»: Taubes, S. 59.

Seite 63/ «*Ich sage die Wahrheit ... nach dem Fleisch Israeliten*»: Römer 9, 1–5.

Seite 64/ «*Auch sah ich Arbeit und Geschicklichkeit in allen*

Sachen ... gegen seinen Nächsten kommt»: Prediger Salomo
4, 4.

Seite 65 f./ *«Alle Dinge, die Jesus, den Nazarener, betreffen ...
sie in die Irre geführt hatten»:* nach Krochmalnik, S. 24.

Seite 66/ *«... in dieser göttlichen Komödie ... die vermeintlich
Ersten, die sich ihres Vorranges stets gerühmt haben ...»:*
ebenda.

Esther אסתר

Seite 74/ *Wenn er öfter als einmal in sieben Jahren ein Todesurteil verhängte:* Talmud, Traktat Makkot 1, 10.

Seite 76/ *Die Juden hätten ihre Feinde gewaltfrei ... Aber hier ist
von der wirklichen, blutbesudelten Welt die Rede ... Auch Jesus Christus wäre es nicht gelungen ...:* vgl. Mittleman.

Seite 76/ *«Oh Herr, schütte aus über die Nationen ... und seine
Wohnungen verwüstet»:* 79. Psalm, 6–7.

Seite 76/ *«Oh Tochter Babel ... und zerschmettert sie an dem
Felsen»:* 137. Psalm, 8–9.

Seite 77/ *Dabei bewegen sie sich in einem rechtlichen Rahmen ...:* vgl. Mittleman.

Seite 77/ *«... strecken ihre Hand nicht nach der Beute ...»:*
Esther 9, 10; 9, 15.

Seite 77/ *... sie hindern die Gegenseite nicht am ökonomischen
Wiederaufbau:* vgl. Mittleman.

Seite 77/ *«... daß sie Ruhe schafften vor ihren Feinden ...»:*
Esther 9, 16.

Seite 78/ *«Lesen Sie einmal ... damals abgeschlachtet wurden»:*
Himmler, S. 386 f.

Seite 79/ *«... eine strenge und praktikable Religion ... der Gott
Israels»:* Anscombe, S. 48.

Seite 79/ *«Wenn du deines Feindes Esel oder Ochsen begegnest
... wieder zuführen»:* 2. Mose 23, 4.

Seite 79/ *«Hungert deinen Feind ... gib ihm Wasser zu trinken»:* Sprüche Salomonis 25, 4.

Seite 79/ «*Freue dich des Falles deines Feindes nicht ... nicht froh über seinen Sturz*»: Sprüche Salomonis 24, 17.

Seite 80/ *Es sei ein sentimentaler Irrtum ... sie unter gewissen Umständen zu töten:* vgl. Orwell, S. 441.

Seite 80/ «*Wenn dich jemand umbringen will ... und töte ihn*»: Talmud, Traktat Sanhedria 72 b.

Seite 80/ «*Uns wird beigebracht, daß Gott das teuflisch Böse ... was zu tun er imstande wäre*»: Anscombe, S. 43.

Seite 80/ *Wer seine ethischen Standards höher ansetzt ... marschiert anschließend mit erhobenem Haupt darunter durch:* vgl. ebenda, S. 47.

Seite 81/ «*Wenn du ausziehst zum Kriege ... nicht um Geld verkaufen noch versetzen, darum daß du sie gedemütigt hast*»: 5. Mose 21, 10–14.

Seite 82/ «*Ich bin nicht gekommen ... sondern das Schwert*»: Matthäus 10, 34.

Seite 82f./ «*Wie ein Mann ... sich kurz vor seinem Todesröcheln befinden*»: van Creveld, S. 205.

Seite 83/ «*Künftig werden nicht Armeen ... höflichere Namen für sich selbst einfallen dürften*»: ebenda, S. 197.

Seite 84/ «*... hin und wieder eine Straßensperre ... wie die ihrer Chefs*»: ebenda, S. 198.

Seite 84/ «*Praktiken, die jahrhundertelang als unzivilisiert galten ... sehr wahrscheinlich ein Comeback erleben*»: ebenda, S. 203.

Seite 84/ «*... das Wahre, das Schöne und das Heilige ...*»: ebenda, S. 204.

Seite 85/ «*... Scharmützel, Bombardierungen und Massaker ...*»: ebenda, S. 207.

Seite 85/ «*... ein Krieg der Abhörgeräte ... und blutig und grauenhaft*»: S. 212.

Seite 85f./ «*Die Idee der Menschenrechte ... der Universalismus als moralische Falle*»: Enzensberger, S. 74.

Seite 86/ «*Die Abschreckung verfolgt ... ihre Verteidigung entgegensetzt*»: Glucksmann, S. 195.

Adam אדם

Seite 91/ «... *bedeutende Rolle, welche im Brahmanismus und Buddhismus durchweg die Tiere spielen ... Judenpech ... foetor Judaicus»:* Schopenhauer, S. 437 f.

Seite 91/ «*Offenbar ist es an der Zeit ... und wenn ihr ganz Europa mit Synagogen bedeckt»:* ebenda, S. 443.

Seite 91/ «*Die jüdische Ansicht der Tierwelt ... aus Europa vertrieben werden»:* ebenda, S. 445.

Seite 91f./ «... *daß alles, was es an Leben auf dieser Erde ... einen Vernichtungsfeldzug gegen sie zu beginnen»:* Himmler, S. 389.

Seite 93/ «*Herr, mein Gott, du bist sehr herrlich ... und gehst auf den Fittichen des Windes»:* 104. Psalm, 1–3.

Seite 93/ «*Er läßt Quellen sich ergießen ... und die Steinklüfte der Kaninchen»:* 104. Psalm, 10–18.

Seite 96/ «... *ängstliche Harren der Kreatur ...»:* Römer 8, 19.

Seite 96/ «*Denn wir wissen ... und ängstet sich noch immerdar»:* Römer 8, 22.

Seite 97/ «*Aller Juden-Mythologie und Pfaffeneinschüchterung zum Trotz ... d. i. Gehirntätigkeit liegt»:* Schopenhauer, S. 444.

Seite 97/ «*Der Mensch wurde zum Menschen ... Tageslicht der Sprache durchbrach»:* Percy, S. 45.

Seite 98/ «*Wie kommt es, daß du reden kannst ... imstande bin, dich zu verstehen?»:* ebenda, S. 33.

Seite 98/ *Der Linguist Noam Chomsky ... schwarze Schachtel, die man nicht öffnen kann:* vgl. ebenda, S. 15.

Seite 100/ *Der Politiker Al Gore ... «Kristallnacht vor dem Treibhaus-Holocaust»:* vgl. Maxeiner.

Seite 100/ *Merkwürdig nur, daß die Satelliten der NASA ... feststellen konnten:* vgl. Heinsohn, Klimawahn, S. 447.

Seite 100/ *Als im Juni 1991 der philippinische Vulkan ... um ein Grad zurück:* vgl. ebenda.

Seite 100/ *Auch auf den Ozeanen ... nicht einen Zentimeter gestiegen:* vgl. ebenda, S. 450.

Seite 100/ *Die Polkappen ... werden zur Zeit dicker:* vgl. Maxeiner.

Seite 100/ *Schwankungen im Klima hängen ... mit den Sonnenflecken zusammen:* vgl. ebenda.

Seite 100/ *«Nach der finalen Grillparty sieht das alles nicht aus»:* ebenda.

Seite 101/ *«Die Ozonlöcher können seit Millionen Jahren ... keine Beziehung zu etwas Modernem»:* Popper, Kriege führen.

Seite 101/ *Wenn die Stratosphäre über dem Südpol abkühlt ... ebenso plötzlich wieder in die Höhe:* vgl. Kanzawa/Kawaguchi.

Seite 101/ *Daß das Ozonloch ... Mengen von FCKW-ähnlichen Substanzen produziert als die Industrie:* vgl. Johnston.

Seite 101/ *Vielleicht gibt es einen länger dauernden Zyklus ... der Sonnenflecken zusammenhängt:* vgl. «New Scientist», 12. 6. 1993, S. 5.

Seite 102/ *Dobson ging damals davon aus ... mit einem Naturphänomen zu tun habe:* Dobson, S. 103–127.

Seite 102/ *Es existiere nicht der kleinste Anhaltspunkt ... den wirtschaftlichen Fortschritt hemme:* Simon, Mehr Menschen, S. 292.

Seite 102/ *«Triumph des menschlichen Geistes ... Todeskräfte der Natur»:* ebenda, S. 296.

Seite 103/ *«... ein Amalgam von Bürgerkriegen ... mörderischer wurden»:* ebenda, S. 300.

Seite 103/ *«Das Weltproblem Nummer eins ... Mangel an wirtschaftlicher und politischer Freiheit»:* ebenda, S. 311.

Seite 103/ *In den Vereinigten Staaten etwa ... meßbar sauberer geworden:* vgl. ebenda, S. 291.

Seite 103f./ *Prinzipell seien die Rohstoffvorräte ... ein begehrter und sündteurer Rohstoff sein würde:* vgl. Simon, Population, S. 51f.

Seite 104/ *Die wichtigste Ressource ... das Wissen:* vgl. ebenda, S. 53.

Seite 104/ *«... ausgebildete, motivierte, hoffnungsvolle Men-*

schen … zum eigenen Vorteil einsetzen»: Simon, Mehr Menschen, S. 314.

Seite 104/ *«Mehr Menschen, das bedeutet in der Tat … um diese Probleme zu lösen»*: ebenda.

Seite 104/ *… pru ur'wu …*: 1. Mose 1, 28.

Seite 106/ *«Ja, ich bin ein Mensch, bin besser … Angebornen Menschenrechte»*: Heine, Gedichte, S. 350.

Eleasar אֶלְעָזָר

Seite 111/ *«Nur mit Hilfe von Symbolen … strukturierte Symbole zur Verfügung stehen …»*: Douglas, S. 59.

Seite 112/ *«Es war der vornehmsten Schriftgelehrten einer … brachte man ihn an die Marter …»*: 2. Makkabäer 6, 18–29.

Seite 113/ *«… nicht mehr und nicht weniger unrein … der Klippschieferdachs»*: Douglas, S. 60.

Seite 113/ *«… verdichtetes Symbol»*: ebenda, S. 24.

Seite 114/ *«… Einheit aus sakral verhülltem Text … Lehrveranstaltung»*: Lorenzer, S. 191.

Seite 114f./ *«Hinter dem leeren Altartisch … Art, ihn abzutrocknen»*: ebenda, S. 191 f.

Seite 115/ *«… wie wenn der Kulturausschuß … selbst zu verfassen»*: ebenda, S. 193.

Seite 115/ *«… exakt so verhielt wie … Schulung der Parteiarbeiter»*: ebenda, S. 231.

Seite 116/ *«Der Priester ist kein Showmaster … auf ihn gar nicht ankommt»*: Ratzinger, Salz, S. 187.

Seite 118/ *«… Unverständlichkeit der einzelnen Elemente … der Messe einen kurzen Pflichtbesuch abstatten …»*: Lorenzer, S. 189.

Seite 121/ *«… das einer Kapelle sehr ähnlich sieht … wie unsere Chöre in den Kirchen»*: Maurer, S. 370 f.

Seite 121/ *«… fangen sie … immer … aber sogleich wieder aufsetzt»*: ebenda, S. 372.

Seite 122 / «Sehr auffallend ... ‹it is quite absurd› usw.»: ebenda, S. 373.

Seite 122 / «Die Parlamentsglieder im Unterhause ... das Ein- und Ausgehen dauert fast beständig»: ebenda, S. 371.

Seite 123 / «... die argumentierende öffentliche Diskussion zu ei- ner leeren Formalität gemacht ...»: Schmitt, S. 10.

Seite 123 / «... Sphäre des Privaten und Unverantwortlichen ...»: ebenda, S. 22 f.

Seite 124 / So sah es dann später auch Simone de Beauvoir ... «... und sagt ihm Dank von Mensch zu Mensch»: nach Koe- nen, S. 354.

Esra עזרא

Seite 132 / «Seid ihr Kinder Israel ... und die Syrer aus Kir?»: Amos 9, 7.

Seite 135 / «Zerstört ihre Altäre nicht ... wieder aufbauen müßt»: Midrasch, Awoth de Rabbi Nathan b 31.

Seite 136 / Der große Rabbiner aber fand einen Ausweg: vgl. Mi- drasch, Awoth de Rabbi Nathan a 4.

Seite 137 f. / «Als Jochanaan ben Sakkai ... Liebe will ich und nicht Opfer»: Midrasch, Awoth de Rabbi Nathan a 4 / b 7.

Seite 138 / «Ich habe euch heute ... und du und dein Same leben mögt»: 5. Mose 30, 19.

Seite 139 / «Seid bedächtig ... und macht einen Zaun um das Gesetz»: Talmud, Pirke Awoth 1, 1.

Seite 139 / «Um es kurz zu fassen ... Menschenliebe und die Ge- rechtigkeit»: Philo, De specialibus legibus II, 63.

Seite 142 / «Sie sollen die Tempel ...»: nach Bleckmann, S. 98.

Seite 143 / ... daß Kaiser Konstantin im Jahr 318 das Menschen- recht des freien Römers abschaffte: vgl. Heinsohn/Steiger, S. 227.

Seite 144 / «Wenn ein Vater ... werden Euch dafür entschädi- gen»: nach Heinsohn/Steiger, S. 227 f.

Israel יִשְׂרָאֵל

Seite 149/ ... avancierte der athenische Stadtstaat zum historischen Idealbild: vgl. Popper, Zauber, S. 243 f.

Seite 149/ Das Judentum gilt ihm als Paradebeispiel des Stammesdenkens: vgl. Popper, Propheten, S. 31 f.

Seite 150/ «Eine Thora sei für euch ... der unter euch wohnt»:
4. Mose 15, 16.

Seite 153/ In jeder Kneipe und Kirche ... und dienten als Wandzeitungen: vgl. Hill, S. 38 f.

Seite 153/ «... der es mit aufregenden Erzählungen ... aufnehmen konnte»: ebenda, S. 39.

Seite 153 f./ Man pflegte die Angewohnheit ... zum Aufstieg des
Empirismus in England bei: vgl. ebenda, S. 188.

Seite 154/ Der verhaßte Monarch wurde ... mit Ahab, Menasse,
Jerobeam: vgl. ebenda, S. 103.

Seite 154/ «Ihr zieht jetzt ... ins Gelobte Land ein»: ebenda,
S. 113.

Seite 156/ Hatte nicht Jehu ... Gott billigte den Tyrannenmord:
2. Könige 9, 22–25.

Seite 157/ Oliver Cromwell wurde von seinen Anhängern ...
das Volk in die Freiheit führte: vgl. Hill, S. 440.

Seite 157/ «... Askese wie ein Reif ... und der subjektiven Religiosität»: Weber, S. 177.

Seite 157/ Nachdem Cromwell zum «Lord Protector» ... Venus, Adonis und Apollo: vgl. Fraser, S. 458.

Seite 157/ Gegen Orgeln außerhalb der Kirchen ... um so größere Fortschritte: vgl. ebenda, S. 463.

Seite 158/ Aber in Cromwells Republik wurde das coffee-house
erfunden: vgl. ebenda, S. 475.

Seite 158/ Am Hof des Lord Protector wurde heftig das Tanzbein geschwungen: vgl. ebenda, S. 464.

Seite 158/ Die Wahrheit, schrieb der Dichter ... sei nicht viel
wert: vgl. Milton, S. 158.

Seite 158/ «... wenn der ärmste ... dann soll er beschützt werden»: nach Fraser, S. 433.

Seite 159/ *Aber diese «Militärdiktatur» ... einen Rechtsstaat zu installieren:* vgl. Loewenstein, S. 51 f.

Seite 159/ *Das von den Offizieren eingesetzte ... ihrer Zeit weit voraus waren:* vgl. ebenda.

Seite 159/ *Das Strafgesetz sollte humanisiert werden:* vgl. Fraser, S. 401 f.

Seite 160/ *Gegen Ende seines Lebens ... bat ihn, die Summe im Namen von König Charles zu akzeptieren:* vgl. ebenda, S. 575.

Seite 161/ *«... ganzen Geschichte des menschlichen Geschlechts ... die Gesetze mehr als die Menschen herrschen»:* Maurer, S. 446.

Seite 163/ *Als der Rabbi ... und kein höheres Wesen sei:* vgl. Fraser, S. 564 f.

Seite 164/ *Churchill zitierte die Bibel ... «... unserem Volk und unseren Altären angetan wird»:* vgl. Broad, S. 409.

Seite 165/ *«Die ganze englischsprachige Welt ... muß ‹aufhören zu existieren›»:* Orwell, S. 130–132.

Die Wiederkehr der Götter

Seite 171/ *«Den Hals streckten wir ... wie zu ihrem Trauhimmel»:* Hirschhorn, S. 349.

Seite 173/ *«... unter einer dünnen Tünche ... ihr Judenhaß ist im Grunde Christenhaß»:* Freud, S. 97.

Seite 174/ *Kurz vor der Wende zum neunzehnten Jahrhundert ... das Hakenkreuz:* vgl. Goodrick-Clarke, S. 10.

Seite 175/ *So wurde im Schoß ... unter der weisen Führung heidnischer Priester:* vgl. ebenda, S. 2.

Seite 176/ *«... daß er mit den ursprünglichen ... noch um zu siegen, sondern bloß um zu kämpfen»:* Heine: Deutschland, S. 163.

Seite 176/ *«Das Christentum – und das ist sein schönstes Verdienst ... und sich in ihren königlichen Höhlen verkriechen ...»:* ebenda, S. 163 f.

Seite 177/ «*Ein überaus starkes Polarlicht ... nicht ohne Gewalt gehen*»: nach Heinsohn, Auschwitz, S. 82.

Seite 177/ «*Ah, der Wüsten-Gott, dieser verrückte, stupide ... eine Verstümmelung des Menschen*»: nach Gronemeyer, S. 58.

Seite 178/ *Im Talmud steht ... kam der Haß in die Welt:* Talmud, Traktat Sabbat 89 a.

Seite 178/ «*... ließ Flugkörper bauen ... weil Adolf Hitler so gern aus Churchills Schädel Bier trinken wollte*»: Herzberg, S. 97.

Seite 180/ «*... hebräischen Blutbund ... Lichtreich auf Erden zu schaffen*»: van Helsing 1, S. 106.

Seite 180/ «*... Deutschen des Orients ... mitteleuropäisches Niveau*»: van Helsing 2, S. 253.

Seite 180/ «*Dienst an den anderen ... am besten funktioniert*»: ebenda, S. 369.

Seite 182/ «*Infolge all dieser Jahre ... das Böse ist nur eine Ausgeburt menschlichen Denkens ...*»: Castaneda, S. 243.

Seite 183/ «*... kein Dogma ... was er im Gefüge des Stammes darzustellen in der Lage war*»: Sills-Fuchs, S. 120.

Seite 183/ «*... keltische Frau des Altertums ... rotgoldenes Haar*»: Gould Davies, S. 214.

Seite 183/ «*... die tolerante Weltanschauung seiner Mütter ... Liebe der matriarchalen Religion*»: Gerda Weiler, nach Kohn-Ley/Korotin, S. 164.

Seite 183/ «*... auf recht grausame Art ... Mord an Andersgläubigen*»: Christa Mulack, ebenda.

Seite 183 f./ «*... mörderische Patriarchalismus ... die Ideologie derer, die Juden umbrachten*»: Helke Sander, ebenda, S. 170.

Seite 184/ *Vielleicht ahnen sie, daß unter der blutigen Fahne mit dem Hakenkreuz ihre Utopie verwirklicht wurde:* vgl. Heinsohn, Auschwitz, S. 78.

Seite 187/ «*Wenn diese neuen Heiden ... auch eine grausame Seite hat*»: Chesterton, S. 209.

Seite 188/ «*Ich fühlte eine wohltuende Energie ... Ich war der Baum*»: Boff, S. 58.

Seite 188 / «*Zu dieser Zeit waren in Israel ... wir uns von den Heidenvölkern abgesondert haben*»: 1. Makkabäer 1, 12.

Seite 189 / «... *neue Epoche der Kirchengeschichte* ... *bedeutungslosen Gruppen* ...»: Ratzinger, Salz, S. 17.

Seite 189 / Die Vergöttlichung des Kosmos, *wie sie von den New-Age-Esoterikern betrieben werde* ...: vgl. ebenda, S. 143.

Seite 190 / «*Der Stern zeigt auf Jerusalem* ... *Heiligen Schrift Israels*»: ebenda, S. 262 f.

Seite 190 / «... *wir müssen neu lernen, es recht zu lesen*»: ebenda, S. 264.

Seite 190 / «*So viele, wie es Menschen gibt*»: ebenda, S. 35.

Seite 191 / «*Denn die Kinder Juda* ... *sondern Würgetal*»: Jeremia 7, 30–32.

תּוֹדָה רַבָּה –
Der Autor bedankt sich

Bei Paul Badde (München) für die Lizenz, ihn hemmungslos zu beklauen; bei Prof. Dr. Klaus Berger (Heidelberg) für eine Privatvorlesung über das Christentum als Gesetzesreligion; bei Jackie Feldman (Jerusalem) für wertvolle Buchtips und die Erlaubnis, seine Anekdote aus Galiläa zu verwenden; bei Dr. Daniel Krochmalnik (Heidelberg) für Auskünfte zu Maimonides; bei Michael Mertes (Bonn) für den Text von Alan Mittleman; bei Rabbi Mordechai Neugröschl (Jerusalem) für eine Lektion über *schechita*, das koschere Schlachten; bei David Schütz (Jerusalem) für den Hinweis auf die Himmler-Rede.

Namenregister

Wilhelm Dichter

Das Pferd Gottes

Roman
Aus dem Polnischen von Martin Pollack
300 Seiten. Gebunden

Wien, die «Stadt, in der die Juden glücklich waren», ist im
galizischen Boryslaw noch lebendig. Der Ich-Erzähler, der
Junge Wilek, hört seine Großeltern Straußwalzer singen und
von den alten Zeiten schwärmen. Plötzlich bricht der Krieg
aus. Die Sowjets marschieren ein. Im Kindergarten werden
Leningedichte gelernt, obwohl die Lehrer kein Russisch können. Als die Sowjets flüchten, beginnen die Pogrome. Die
Großmutter wird von einem Nachbarn verraten. Wilek flieht
mit seinen Eltern von Versteck zu Versteck, überlebt unter
Betten, in Brunnen, auf Dachböden.
Im Nachkriegspolen wird aus dem verfolgten Kind der privi-
legierte Stiefsohn eines kommunistischen Funktionärs. Die
Mitschüler hänseln ihn, er rieche nach Gas. Wilek ist kalt,
mißtrauisch, geht wieder in Deckung. Zu schnell kann die
Macht sich gegen ihn wenden. Kein sicherer Ort für seines-
gleichen: Eine Kindheit in Zeiten der Verfolgung.

*«Ein schönes Buch, das manchmal an die Zeichnungen von
Chagall erinnert.»*

(Andrzej Szczypiorski)

Rowohlt · Berlin

Willi Jasper

Faust und die Deutschen

300 Seiten. Gebunden

Die rund 12 000 Verse von Goethes Faust belasten seit über
150 Jahren als gymnasiales Zitatentrauma und moralisches
Lehrstück die deutsche Bildungs- und Ideologiegeschichte.
Mit volkstümlichem Tiefsinn hat das Ruhrgebietsoriginal
von Manger alias Adolf Tegtmeier den Sachverhalt erfaßt:
«Ich will Ihnen sagen, wat Goethes Faust is – Sie, der Ab-
grund inne deutsche Bildung.» Und in der Tat sind sich in der
Beziehung der Deutschen zu «ihrem» Faust Bildung und Abgrund sehr nahe gekommen.
Auch am Vorabend zu Goethes 250. Geburtstag hat der
«Faust» wieder Hochkonjunktur. Willi Jasper schildert den
gefährlichen Sog, den das faustische Wesen auf Dichter und
Denker, Politiker und Professoren, Soldaten und Schüler seit
Goethe ausgeübt hat: von der Reichsgründung Bismarcks
über Hitler zu Ulbricht, von der neudeutschen Einheit bis zur
neudeutschen «Geisteselite», die sich wieder nach Tragik
sehnt und in erhabener Einsamkeit lustvoll in den Abgrund
der Antimoderne blickt. Faust bleibt der Konjunkturritter
deutscher Gefühle, ob als Verbrecher oder Nationalheld. So
erweist sich die historische Rückschau zugleich als drama-
tisch-aktueller Bericht über Wahn und Wirklichkeit in unserem Land.

Rowohlt · Berlin